非婚女性

けっこう上手く
生きてます

KADOKAWA

クォン・ミジュ
バーチ美和 訳

非婚女性

けっこう上手く
生きてます

日本語版刊行によせて

本書を通して日本の読者の皆さまにお目にかかれることを、たいへん嬉しく思っています。有名な作家でも社会的な名士でもない私の平凡な日常を描いた話によって、私の知らない世界で暮らす皆さまに出会えたことが不思議に思えると同時に、気恥ずかしくもあります。いま、私は照れくささと嬉しさのはざまで、いつにない胸の高まりを覚えながらこの文章を書いています。

韓国での刊行が二〇二〇年なので、本書が世の中に出てからすでに三年が経ちました。刊行されたのは、新型コロナウイルスと世界中が戦っている最中でした。経験も想像もしたことのないウイルスを前にして、それまで私たちが享受していた当たり前の日常が、当たり前ではないものに変わりつつありました。いまや新型コロナは終息傾向にあり、私たちは以前の日常に戻ってきています。オンラインの出会いがオフラインの出会いに変わり、街のカフェやレストランは人で混みはじめました。悠々とした一人旅はできなくなり、恋人や家族たちが騒がしく旅に出はじめました。結婚式場は以前のように招待客で混みあっています。間もなく年末年始が訪れる時期ですが、愛する家族と共に、というフレーズが登場することでしょう。

新型コロナにより生活様式の多くが変わりましたが、私たちの意識が変わることはなかったようです。むしろ新型コロナウイルス流行時をひとりで過ごしたため、家族の大切さや価値を実感できたという声をしばしば聞きます。結婚して、子どもを産み、家族をもてば、今回のようにウイルスが襲ってきて私たちを孤立させたとしても、そばで見守ってくれる人がいる。そういう思いが強くなっているとする記事を数多く目にしました。幻想とも言える頼もしさを家族という言葉から感じるのは、従来の世代においても、また、おそらくこれからの世代においても、なかなか変わることはないでしょう。

家族に対する信頼感に文句をつけたくはありません。結婚をしない生活を私が大切にし、そうした人生そのものに美しさを見出すように、結婚をして家族をもつ人生も、誰かにとってはなによりも大切で美しいものに違いないからです。

韓国の読者であれ、日本の読者であれ、私が話を分かち合いたかったのは、中年と呼べる年齢になるまで結婚をせずに生きてきた私のきわめて平凡で、何一つ特別なことのない人生譚が、誰かの生きていく力になればという思いからです。非婚という型破りな方法で生きる人たちが、理由もなく気後れしたり、惨めに感じたり、残念がったりすることがないよう、堂々と、誇りをもって大切な自分の人生を歩もうと言いたかったのです。非婚という生き方は大層なものでも特別なものでもありません。愚かでだめなものでもないのです。ただ異なるスタイル、異なる色合いの生き方だというだけです。日常生活のなかで自分がもっとも輝ける瞬間を作っていけば、いつしかもっとも輝いている自分の姿で人生が満たされると信じます。そうやって毎朝、胸ときめく新たな一日を迎えられることを期待して、この本を皆さまに手渡します。

最後に、つねに何も言わずに見守ってくれる、私の支援者であり応援者である愛する母と家族に、感謝の言葉と愛しているという言葉を贈ります。また、この本の翻訳、出版作業を進めてくれたイダムブックスにも感謝申し上げます。

プロローグ

二〇二〇年は、新型コロナウイルス感染症（COVID－19）の騒ぎと共に一年が始まりました。「何か月か我慢すればこの騒ぎが収まるのだろう」と思っていましたが、新しい感染症はそんな思いをあざ笑っているかのようです。これから先、どれほどの期間、感染しないように気をつけながら過ごさなければいけないのか、想像がつきません。私たちが当たり前に感じていたささやかな日常のありかたは、すっかり変わってしまいました。

どこにもお花見に行けなかっただけでなく、梅雨が明けるまでの期間も記録的に長かったので、憂鬱《ゆううつ》さと哀しみはさらに深まりました。誰もが本当につらく感じながら、かろうじて一年をやり過ごそうとしています。それでも、時は刻々ときざまれ、もう立秋を過ぎて秋の訪れを待っているのです。そして、秋になったらいまよりましな日々になるだろう、という希望を抱いています。

たくさんの時間が流れていきます。この一年も、私の人生の時間も、同じように流れます。風に吹かれて落ちる花びらのはかなさが切なく感じられ、まばゆい秋空の澄明さに一抹の寂しさを覚えます。いつの間にか、二十代のころには抱くことのなかった感情が湧き上がる年齢になりました。

そんな年齢だからか、私はときには眠れずに夜を明かすこともあります。いまこれを書いている瞬間も真夜中で、このまま深い夜が明ける時間を迎えそうです。デスクの上には、雑然と置かれたさまざまな種類の書籍。夜を明かす私の座る椅子の下には子犬が一匹、足元には二匹、合計三匹の犬。コーヒーを飲む量を少し減らそうとしているので、今宵のコーヒーは格別な香りに感じられます。世の中はしんと静まりかえり、私も心穏やかに過ごしています。

望んだわけではないのに突然にやってきた新たな未来を前に、私はいま途方に暮れる思いです。歩み出したばかりの生活、つまり組織に所属しないでフリーランスとして働く生活は、ただでさえ不安定なのに、新型コロナ感染症のせいで台なしにされそうなプレッシャーが日々押し寄せてきます。そんなパンデミックのなかで気づいたのは、人々が助け合い、相手を思いやっていて、自分だけ不満の声を上げるようなことがないということです。誰かと共に生きるというのは、本当に美しいことです。

私は非婚女性です。四十年以上生きてきて、二十代後半からはひとりで暮らしてきました。自分で家も購入し、勉強して学位も取り、あちこち旅行もしました。気ままな生活でしたが、自分の人生に対する責任はひとりで負わなければなりません。孤独で寂しいときもありましたが、私の人生は結婚しなかったから不幸というわけではありません。

もちろん、私も結婚に対して期待を抱いていました。しかし、希望がほぼ消え失《う》せてからは、自分の人生が突き出た釘《くぎ》のように感じられるときがありました。きらきらと輝く存在ではなく、どこか空虚な場所に突き出た釘のように、使い道がなく厄介で、平凡でもない存在。自分がそんな人間のように感じられたのです。そうした引け目のせいで、どこに行ってもその場に溶け込めず、他人よりも上手《うま》くやらなければいけないような気がしていました。早く大人になりすぎたと言うと大げさですが、子どもなのに大人のまねをして生きてきたせいかもしれません。

二十代半ばでカウンセリングを学びはじめたことで私は大きく変わりました。突き出た釘のような人生であっても、星のような輝きを望んでも構わないのだと思えるようになったのです。もっと何かを手に入れたい、もっと楽しみたいという、ありきたりの欲望を手放しました。

すると、私にとって本当に必要なものが何なのかが見えてきたのです。心から自分が望むものに耳を傾け、自分の希望をかなえたいと考え、希望をかなえるために努力してきました。そうするうちに私の人生は、誰かの目のなかに輝く星ではなく、私自身に向かって光を放ちはじめたのです。ひとりでいること自体は良いことでも悪いことでもありません。私の関心はもはや、ひとりでいることについてではなく、私が自分自身と共に、また他人と共に幸せに暮らしているかどうかにあるからです。

「非婚」「シングル」――そんな言葉が私たちの社会で重要な単語になってから、さほど時間が経っていません。もちろん、結婚が人生の通過儀礼であり、それを経験できない女性はどこか欠点のある商品のように扱われていた時期を、私たちは経てきました。ですが、社会はもはや、シングル女性にそうした視線を向けることはないように思えます。それでも、結婚しない自分が惨めに感じられ、何か間違っているのではないかと焦るときがあります。多くのシングル女性が同じように感じているのではないでしょうか。

あるとき、私は気づきました。こうした惨めさや焦りは、生きているすべての人が抱く人生の重さだということに。そして、結婚していてもいなくても、子どもがいてもいなくても、何よりも大切なのは、自分がどれだけ堂々としているか、自分のことをどれだけ誇りに思い愛しているかによって、人生は変わるということに。

本書では、そうした話について書いています。大きな成功を収めることもなく、有名なわけでもなく、ふつうの人生を歩むシングル女性の話です。どんなことを考え、どんな人生を送っているのか、同じような人生を送っている女性たちに届くよう願っています。私たちは「ひとり」ですが、「独り」ではないので、結婚しないでシングル女性として生きているみなさんに声をかけたかったのです。

「私はこんなふうに暮らしています。みなさんはどんなふうに暮らしていますか」

さらに次の言葉も付け加えてみます。

「私たちはこんなふうに暮らしてみたらどうでしょう」

一緒により良い人生を送るにはどうすればいいのか、正解はなくてもその過程を共有するにはどうすればいいのか、みなさんに尋ねてみたいと思ったのです。そして、共に歩んでいく道をつくっていきたいと望みながら、本書を書いてみました。

しかし、いつでもそうであるように、私の望みと才能は比例しません。不器用なので、何をやっても下手で、伝えたい話をすべて伝えられない自分に、ときには大きな挫《ざ》折《せつ》感と失望感を抱きます。それでも本書を執筆するのは、それが私にとって一つの挑戦であり、到達であり、満足感を得られるものだからです。また、本書を必要とする人に届けたいという願いがあるからです。

シングル女性として生きていく人生。それは特別なことでも特異なことでもありません。さまざまなライフスタイルの一つにすぎないのです。大切なのは、人生を歩んでいく姿勢です。ですから、シングル女性が自分自身をもっと輝かせながら生きていければ、と思います。本書を通じて、同じライフスタイルの人、人生を共に歩みたいと思える人に出会えたら嬉《うれ》しいです。また、そんな人たちと人生を喜んで分かち合えれば幸いです。

最後に、いつも寡黙で頼もしく、私の支持者であり助《すけ》っ人《と》でもある、愛する母と家族に感謝と愛を贈りたいと思います。また、初めての著書を快く刊行してくださったイダムブックスのみなさんと、丁寧に編集してくださったイ・アヨン氏に感謝の意を表します。

非婚女性　けっこう上手く生きてます　目次

第2章 ひとりの人生、自分を見つめる私の目

第5章 本当に独立した人生を生きる

第6章 不安はあるけど一緒だから楽しい私たちのゆるい連帯

訳者あとがき

266

本書内で、「未婚」は結婚しないという意思があるわけではないけれど結婚していない人、「非婚」は自らの意思で結婚しないことにした人、との意味で用いています（訳者）

第1章

私たちはなぜ、結婚に夢を抱かなくなったのか？

1 「ソロウェディング」を挙げる時代

今日の結婚式は、間違いなく記憶に残るものになるだろう。そのために「スモールウェディング」を準備した。料理はシンプル。おしゃれな盛り付けなので、いっそうおいしそうに見える。淡い光で満たされた室内。ふだんから好んで聴いている、静かなクラシック音楽とバラード風の歌が交互に流れる。

一つ一つの花の名前はわからないものの、丁寧に選んだ、美しく落ち着いた感じの鉢植えの花を、華やかなブーケの代わりに式場のところどころに置いた。壁に映し出されたスライド写真には、私の幼いころから現在までの姿。

二人で、あるいは一人でこの結婚式を祝うために来てくれた友人たちは、仲間同士でその写真を見ながら笑ったり、楽しそうに会話したりしている。私の愛らしいペットの犬たちも、かわいい服を着て私を見守っている。私自身もすてきな衣装を身にまとい、自分のために書いた詩を読み上げ、友人たちから拍手を浴びる。

そうだ、一つだけ足りないものがある。新郎だ。なぜならこの結婚式は、私が私自身と挙げる結婚式だから――。

「新郎のいない、私自身との結婚式」そんな結婚式になじみがない人もいるかもしれない。また、そんなのはとんでもないと思う人もいるかもしれない。あまりに風変わりな生き方だといって、私を叱る人もいるだろう。

しかし、このような「ソロウェディング」は増えてきているようだ。日本には、専門の旅行会社が企画する、京都での二日間のソロウェディング・パッケージツアーがあるという。そのツアーには、ウェディングドレス、ブーケ、メイクアップ、移動車両などの料金が含まれているそうだ。これからは、さまざまなオプションが選べる旅行商品が登場するだろうし、そうしたサービスはヨーロッパや米国などですでに成功しているらしい。世界各地の流行にもっとも敏感な韓国でも、もうすぐこうしたサービスが登場するだろう。

いまのところ、韓国でソロウェディングというと、ひとりでウェディングドレスを着て記念写真を残す程度だ。しかし、先ほど想像しながら書いたような非婚式、ソロウェディングも、徐々に増加傾向を見せている。もちろんそれは、「結婚統計」に対する「非婚統計」によって把握されたものではなく、まだまだ雑誌などで見かける程度の、少し変わった結婚式のような印象だ。ある記事では、これまで友人の結婚式で費やしたご祝儀が惜しいから、それを回収するためにひとりで式を挙げるとでも言わんばかりの書き方がされていた。韓国では、もともとご祝儀を渡す文化が根強い。だからそんなふうに考えるのだろう。

だが、実際は違うと思う。ご祝儀を取り返そうとして人を集め、「私はこれからひとりで生きることにしました。今日は、私が私自身と結婚する日です。私の結婚式を祝ってください」といってパーティーを開催するわけではないはずだ。

ソロウェディング、つまり「非婚式」というのは、これからはひとりで生きると、独身でいることを選んだ人たち（かならずしも女性だけではないものの、女性が絶対的に多数なはず）が、知人を呼んでささやかなパーティーを開き、結婚せずに生きる意思を参列者に伝え、それに対して祝福やお祝いの言葉をかけてもらうセレモニーだ。

ひとりで生きることなんて大したことでもないのに、なんでわざわざ祝福やお祝いの言葉までかけてもらうために大げさな式を挙げるんだ、と言う人もいるかもしれない。しかし、結婚せずに生きることは、結婚できないからしかたなくひっそりと生きるわけではなく、いまや多様な生き方の一つだと言える。堂々と選べるオプションから自分が選択したものを宣言することには、大きな意味があると思われる。

「私自身との結婚式」を周囲に知らせて祝福してもらい、シングルであることを楽しむ生き方。韓国社会においては、もう奇異でも風変わりでもない。この結婚式は、これからは結婚を気にせず、結婚に縛られないという意思表示だ。

もちろん人生は一寸先もわからないものだから、いつか結婚したいという気持ちになるかもしれない。結婚してもいいと思う相手が現れるかもしれない。結婚をしても離婚する人がいるのだから、非婚式をしても結婚したい相手ができて結婚をしたくなれば、結婚することだってあるだろう。非婚式を挙げるのは、結婚という通過儀礼を経験していない未熟な大人という扱いはお断り、という自己表現だ。私たちの社会は、このような意思を表すために非婚式（ソロウェディング）を選ぶ人たちを、変わった生き方をする人として見るのではなく、自分の生き方を堂々と表している人たちなのだと認め、同意する時代を迎えようとしている。

心理学では、人間はライフサイクルに合った発達課題を達成しながら生きる存在だと考える。こうした課題には、子どものころの課題があり、青年、壮年、中年と各時期に達成すべき普遍的な課題がある。通常、人間はこうした課題を達成してこそ、真の成熟した大人として、きちんと生きてきた人として評価される。

青年期においてもっとも重要な発達課題は、結婚して子どもを産むことだ。韓国社会だけが、結婚をしないと大人になれず、子どもを産んで親にならないと人生の喜怒哀楽を経験した大人になれないと考えているのでなく、おそらく世界中のほとんどの国で同じだろう。

人生というものが、アイテムを手に入れながらレベルアップするゲームのようなものだから、発達課題という言葉が生まれたのではないだろうか？　人間がもつ原初的な恐れに、共通の生き方や群れから外れて「ひとり」になることがある。特に私たちの社会では、何かずば抜けていたり、独特だったりするせいで共通の軌跡を外れることを、タブー視してきた。

人間の一連の成長において通過儀礼であった〈結婚〉をしないことは、群れから外れるのと同じであったため、私たちを無意識のうちに恐怖に追いやってきた。そのため、自分が群れから追放された存在でないことを確認し、安堵《あんど》するために、人生の過程をいくつかの段階に分けて、その段階ごとの課題を達成しようとした。

しかし、いったいいつの時代の話をしているのだろうか。現代は第四次産業革命の時代で、間もなくロボットとの恋愛や結婚さえ考えられる時代ではないのか？

発達課題にいつまで有効な意味があるのかわからない。世の中はつねに平凡な私たちの予測の一歩先を行っている。あるいは、平凡な私たちがつくりだした日常が、世の中に変化を生み出しているのかもしれない。〈結婚〉という通過儀礼は女性にとって何よりも重要だと考えられていたが、もはやそうではない時代になっている。もしかすると、人間にとってもっとも重要な発達課題は、真の自分になっていくことかもしれない。真の自分という言葉はつかみどころがなく、「なにそれ?」と思うかもしれないが、「真の自分」が何か、各自で答えを出す以外にない。

結婚をしてもしなくても、自分の人生で優先すべきものが何か、大切なものは何か、という問いに答えを出すのが重要だ。人生のオーナーとして、どうやって自分自身に責任を取るのか、自ら答えを出すのだ。

この社会は個人に対して、特に女性に対しては、そうした質問すら与えず、自ら答えを出して生きていく機会も与えてくれなかった。適齢期になれば結婚をして、子どもを産み、母として犠牲を払い、耐えながら家族に尽くすことが求められた。さらに、能力があれば社会活動までもこなす女性を、当たり前のように思ってきた。

世の中は変わった。いや、世の中が変わる前に女性が変わったので、世の中に変化を起こしたのだ。

「真の自分になるとは、どういうことなのか」という問いに、結婚ではなく非婚という生き方を堂々と選択し、ソロウェディングを挙げて、「私の人生を祝って」と言う女性たちの勇気。勇気ある選択と言っても小さなものだが、韓国社会でシングルとして生きる女性が、小言を言われなくてもすむような変化は起こした。

ソロウェディングを挙げることを選んだ女性たちは、自分自身と世の中に変化を起こしているのだ。こうしたイベントを楽しく行える社会、なんともすてきだし堂々としている。

私はまだソロウェディングを挙げていないが、もし周囲の誰かがソロウェディングを挙げると言ったら、駆けつけて彼女の人生を全力で応援するだろう。

「真の自分を探す人生を選んだあなたを応援する！　思いきり、全力で！」

2　私だけがシングルなわけではない

二〇〇四年初めに楽しんで観ていたドラマに、『オールドミスダイアリー』がある。〈オールドミス〉と呼ばれる三十代の仲良し三人の恋愛や日常の話だ。女性出演者たちが愛らしく、楽しく視聴したドラマだ。当時は三十代にもなれば〈オールドミス〉と呼ばれていたのだ。ドラマに出てくるミジャをはじめとする登場人物は、一生懸命に働き、恋愛に胸を痛めることもあるが、幸せに生きている愉快な人たちだ。日常のささいなエピソードが扱われていたが、いま考えるとアラサー女性たちの恋愛話に近かった。

ドラマ『私の名前はキム・サムスン』に登場した三十歳のキム・サムスンもそうだ。パティシエとして登場した彼女は愛らしく、その愛らしさはジノン（別名サムシク）という白馬の王子の心を捉《とら》えてしまう。楽しんで観ていたが、端的に言えば、平凡な女性と白馬の王子が出会うシンデレラ・ストーリーだ。

そんな女性主人公たちが変わりはじめた。二〇一九年放映されたドラマ『恋愛ワードを入力してください～Search WWW～』にも三人の女性が登場した。彼女たちは白馬の王子を待つことなく、自分の力で堂々と、社会的に重要な地位や役割に就いている。恋愛もするが相手にしがみついたり、仕事を捨てたりはしない。自分の仕事をやり遂げるすてきな女性たちの連帯が何よりも描かれていた。

そして、二〇一九年に放映されたドラマ『愛の不時着』はファンタジーに近いが、女性主人公のユン・セリが、韓国で上位1パーセントの財閥の娘という設定で登場し、愛に命を賭《か》ける人物として描かれていた。もちろん相手も現実的にはありそうにない人物だが、北朝鮮社会で最上位層の家柄の息子であるうえに、すてきでロマンチックで頼もしい男性主人公だったからこそ、こうしたシナリオが可能だったのだろう。

ドラマの話を長々としたのは、私がドラマオタクであることを伝えたいわけではなく、シングル女性に対する視線が、時代によって変わるのが読み取れるからだ。もしいまのドラマで、白馬の王子を待つだけの純粋な女性やシンデレラのような女性を描きでもしたら、批判が押し寄せることを覚悟しなければならない。

女性は、もはや男性に人生を委《ゆだ》ねる存在ではない。積極的に人生を切り開き、責任を担う、人生の主人公となった。ドラマには大衆の欲望や集団の考え方が真っ先に反映されるため、いま社会が積極的に認めようとしつつあることが何かわかる。

もう誰も、三十代前半のシングル女性を〈オールドミス〉とは呼ばない。韓国社会ではこの単語に「おばさん」のような多少ネガティブで差別的、軽蔑《けいべつ》的な意味が込められている。ヒステリックで、とげとげしく、周囲から浮いたイメージだ。

しかし、実際に結婚せずにシングルとして生きているあなた自身や周囲の人たちを思い浮かべてみよう。浮かんでくるイメージは、個人の生き方や性格によっても違ってくるが、結婚か未婚かで違ってくるわけではない。なぜならば、もはやシングルの人生は、非主流の生き方でも、変わった生き方でもないからだ。

二〇一九年、統計庁【韓国の国家行政機関で統計業務を行う。日本の総務省統計局にあたる】が〈二〇一九　韓国女性の生活調査〉を発表した。調査によると、二〇一九年の韓国全体の世帯構成は単身世帯が29・6パーセント、二人世帯が27・8パーセント、三人世帯と四人世帯がそれぞれ21・3パーセントだ。二〇〇五年以前は、主流の世帯構成は四人世帯だったが、二〇一〇年には二人世帯、二〇一五年には単身世帯になった。結婚せず未婚で暮らす割合は、三十歳から三十九歳で11・

8パーセント、四十歳から四十九歳では10・4パーセントという結果になった。三十歳から五十歳の女性の約10パーセントが結婚をせずに暮らしている。

「かならず結婚をしなければいけないと思うか」という問いに対する女性の回答は、結婚をしてもしなくても良いと答えた割合が50・8パーセントで、もっとも高かった。一方、男性の回答は、結婚をしなくてはいけないと答えた割合が52・8パーセントと、もっとも高かった。

また、「結婚しなくても、男女は一緒に暮らせる」と考える女性の割合は53・9パーセント、「結婚しなくても、子どもをもてる」と答えた女性の割合は、27・8パーセントだった。多くの女性たちが、強制的に、義務的に伝統的な結婚制度の中に入る必要がなくなったと考えているのがわかる。かならずしも結婚という法的、制度的なかたちでなくても、同居を選ぶこともできるし、子どもだけ産むこともできると、社会的通念を超えた生き方を取っており、さほどこだわりがなくなっていることを表している。

私のまわりでは、二十代後半の女性が結婚すると言えば、もう結婚するのか、結婚なんてまだ早い、と言う人が多い。三十代半ばでも晩婚の印象はあまりない。三十代後半から四十代までは、少なくとも十人に一人が独身だ。私も独身だが、外見的に特別だとか未熟な点があるとかでもなく、特に変わった人生を送っているわけではない。

今後、結婚しなくても良いと考える人たちの割合はますます増えていくだろう。多くの女性が結婚しないまま堂々と生きていくだろうし、出生率もますます低下し、結婚という制度が以前ほど威力を発揮できない社会がすでに訪れている。私たちはそんな社会を共に生き抜こうとしている。

あなたは結婚していて、私は結婚していない。こんなふうに明確に区別する必要はないのではないだろうか。自分が選ばなかった道に、互いに憧《あこが》れ、うらやましがることはありえる。別の人生への憧れや羨望《せんぼう》は、人生の土台をしっかりとつくれないときや、人生を大切に思えないときに強くなる。大切な人生なのだから、他人の憧れや羨望の対象にならなくても構わない。かといって、極端に卑屈になり、かっこ悪いと感じる必要さえない。あるがままの人生を、他人の目を気にせずに、心ゆくまで楽しんで生きると宣言する女性たち。彼女たちはすてきだ。そんな彼女たちの人生を応援する。

3 結婚？ 国家にとっては必須 vs. 私にとっては選択

この世には二種類の社会が存在する。文明社会と野蛮社会だ。西暦二五四〇年を迎えた未来の文明社会には、家族や親子の関係が存在しない。出産は徹底管理された工場で行われる。工場で生まれた者たちは一連の過程を通って、アルファ、ベータ、ガンマ、デルタ、エプシロンの階級に分けられる。属する階級ごとに自分の位置や職業があらかじめ定められていて、共同保育や洗脳も階級ごとに行われる。どんな組織でも老いることがなく若さが保たれ、死ぬことさえない。すべての人が幼いころから性関係を楽しみ、互いを共有しながらも、毎日それぞれ違うパートナーと自由に関係をもっている。

一日七時間三十分の仕事が終わると、制約のない多様な娯楽が準備されている。ソーマという麻薬性の薬もいつでも使用できる。ソーマのお陰で人々は人生に満足し、なんの不満もなく生活しているため、社会は徹底した階級制度によって維持できる。

ところが、こうした文明社会の他にもう一つの社会があった。それは野蛮社会だ。野蛮社会で人々は年を取り、恋愛をして結婚をし、死を迎える。文明社会の人々はそうした社会の生き方を野蛮だと言い、動物園の猿を見物でもするように接する。

一九三〇年代にオルダス・ハクスリーが発表した小説『すばらしい新世界』の内容だ。ディストピア世界に対するあらゆる描写やＳＦのモデルとなったこの小説は、人間が生きるとはどういうことかを示している。

この作品に描かれている文明社会には結婚という習慣がない。出産もない。科学技術の力で人間を生産する社会だ。人間は薬に依存し、まるで映画『マトリックス』のような幻想空間で暮らしている。そうした空間においては、恋愛をし、結婚をし、出産し、老いて、死んでいくこと自体が野蛮な時代のものだというのだ。社会の維持が目的であると考えれば、『マトリックス』のような社会のほうが楽なこともあるだろう。すべて計画的に統制されたシステムにおいて人間は付属品だが、付属品であることすらわからない社会。

「今日の韓国社会はそうした統制に近づきつつあるのだろうか、それとも遠ざかっているのだろうか」――表面的には統制からは程遠く、個人の自由と選択が最大限保障されている。しかし、もしかすると、見えざる手をとおして、巨大な大システムが少しずつ社会を統制しているのではないか、と考えることもある。「結婚」や「出産」について、国家が個人に対して行きすぎた圧力をかけ、社会のために個人が果たすべき義務を操作しているのではないだろうかと、落ち着かない気持ちになる。

女性たちが結婚を選ばないことや、初婚年齢が徐々に上がっていくことに私が関心をもちはじめたきっかけは、出生率の低さだ。本格的に登場した結婚関連の問題もそうだ。

現在、韓国の出生率は世界中でいちばん低い。二〇二〇年は一人を切って〇・八四だそうだ【厚生労働省の月次統計によると、二〇二二年の日本の合計特殊出生率は一・二六】。このままでは百年以内に人口急減となり大変だと、年を追うごとに出生率向上に向けた政府の取り組みや予算投資が大きな課題となり、主要な政策の一つになるのを、すでに十年前から見てきた。それでも、婚姻率と出生率は下がりつづけている。結婚しなくても、子どもを産まなくても構わないと考える未婚男女の割合は、低く見積もっても50パーセントを上回っているのはすでに記したところだ。

ダイナミックコリア【二〇〇二年のFIFAワールドカップ日韓共同開催を前にして金大中政権が打ち出した国家ブランドのスローガン】は、わずか半世紀前に、「二人だけ産んでしっかり育てよう」というスローガンのもとに国民を一つにまとめ、国が半ば脅すようにして男性に不妊手術をさせていた。私が小学生のときは、「二人だけ産んでしっかり育てよう」「大切に育てた娘が一人いれば、息子が十人いてもうらやましくない」というスローガンやキャンペーンソングなどが、堂々とテレビに流れていた。当時の私は、このまま子どもを産みつづけたら人口が増えすぎて、百年後には国が滅びると考えていた。

しかし、あれから数十年が経ったいま私たちが直面しているのは、予想とは正反対に、子どもを産まないと大変なことになるかもしれない、という危機だ。

そのため、独身税を課すべきだなどという話が、政策の一環として出てきている。独身で生きようと、家族で生きようと、税金はまったく同じに払っているし、むしろ、シングルは子どもがいる世帯に比べると、福祉手当や税金還付などの恩恵から除外されているのだが。結婚をしていないと、社会を構成・維持するのに役立たない存在かのように言われるのだ。

特に、子どもを産まない女性たちに対して、自分勝手だ、わがままだといった幼稚な言葉が数多くぶつけられる。早く結婚しろと言ってくる。このままでは、その昔、国家により二人だけ産んでしっかり育てようというスローガンが作られたときのように、年取った独身男女がいない社会をつくろうというキャンペーンが生まれるかもしれない。

実際に地方の中小都市や農村地域などでは、結婚する意思はあるものの結婚できない男性に、ベトナムや中国などから来た女性たちとの結婚を推進しているところもある。そうやって結婚をして、子どもを産んで、減少しつつある地方の人口を維持しなければいけないほど、厳しい状況なのがわかる。

結婚はきわめてプライベートな領域だ。女性を出産と結びつけて見るようになると、女性は完全に客体となり道具になってしまう。そうした意味で、結婚の推奨は国家にとっては必須《ひっす》だが、個人にとっては選択だ。かならずしも結婚しなければ子どもが産めないわけではないのだが、いまだに韓国社会には儒教文化の影響が強く残っているせいか、男女の結婚という制度下でのみ、出産の問題を解決しようとしている。

現在の韓国では男女が出会って、結婚という制度によって婚姻届けを出し、そうした家庭で育った家族構成員だけを韓国人として認め、支援するという政策が固く守られている。そうやって、人口を減らすまいとする国家の固い決意が、今日も非婚や未婚で生きる数多くの女性たちをなんとなく気まずくさせ、罪悪感をも抱かせているのだ。

結婚をしなくても恋愛はできるし、人は愛せる。出産もできる。もしかすると、今日の韓国社会では、結婚という制度の実効性が徐々に失われつつあるのかもしれない。ある人はこう言う。結婚もせず、子どもも産まず、ひとりで気楽に人生を楽しむ社会では、関係性も生まれず、ロマンもなく、愛もないと。しかし、結婚をしない社会とは、関係性やロマンや愛が失われた社会なのではなく、結婚がなくなっただけの社会だ。

私はカウンセリングを専攻し、カウンセラーを職業にする人間なので、一つの社会で結婚をして家庭をもち、その家庭を健全なものにするのが、どれほど大切なプロセスであり、日常的に努力が求められるものなのかがよくわかる。

だからと言って、世の中のすべての女性がそうした規則に従うべきだというのは、違うのではないだろうか。男女が出会って、結婚という制度のもとに築いた家庭だけが完全なかたちなのだとこの社会が考えているかぎり、これからも結婚は国家にとっては必須の制度だが、個人にとっては選択でありつづける。

そんな枠組みをそろそろ取り払ってもよいのではないだろうか。『すばらしい新世界』

に登場する文明社会のように生きようと言っているわけではない。出産を女性にとって最高の「徳」と考え、結婚によってその徳を実現させることを強調してきた枠組みのことだ。

女性たちがそうした枠組みから飛び出して、社会で共に生きることを自ら選び、幸せに暮らしてみせると言っているのだから、そんな人生をそろそろ応援してあげてもよいのではないだろうか。

4 『82年生まれ、キム・ジヨン』になりたくない82年生まれ

『82年生まれ、キム・ジヨン』（チョ・ナムジュ著、筑摩書房）を読んだのは、本が出版された二〇一六年だったので、すでに何年か経っている。刊行から数年後に映画化されたものも観たが、とても興味深かった。映画は、小説よりもキム・ジヨンにずっと優しい夫、家族、社会になっているように見えた。キム・ジヨンをとても心配し、彼女を手伝おうとする夫と義母、職場の先輩と同僚がいるだけでもありがたい、と思えるほどだ。

私のカウンセリングルームにも、ときどきキム・ジヨンと同じような問題を抱えた女性がやってくる。

Pもそんな一人だった。三十代後半で六歳の女の子を育てているワーキングマザー。一男三女の姉弟の中で三女だった彼女には、七歳年下の弟がいたため、幼いころから両親に関心をもたれることがほとんどなかった。女の子の中では末っ子で、男の子を産もうとして誕生した女の子だったため、当たり前だが大切にされることはなかった。そのうえ、両親は仕事でいつも忙しく、幼い娘たちだけを置いて地方に仕事をしにいくことさえあった。

姉たちがよく面倒を見てくれたが、Pはあらゆることをひとりで判断し、てきぱきと片付ける女性に成長していった。大学もほとんど自分の力だけで通ったが、儒教的価値観によって弟思いの姉でなければならなかった。苦しくても弟の学費をときどき出す優しい娘として成長した。

実家から一銭の援助すらない状態で夫に出会い、二人で一生懸命に働いて貯金をした。両家とも育児を手伝ってくれなかったが、Pは残念そうな顔一つしなかった。一歳になったばかりの子を保育園に預けて仕事にいくときは、底知れない後ろめたさが押し寄せて涙を流した。そうやって十年近く二人で一生懸命に働き、ようやく住宅を購入し、車も手に入れて、生活も安定した。

しかし、Pは少し前から寝られなくなっていた。一日に何度も訳もなく涙が流れた。自分で考えても理由がわからない。ただ涙が流れた。そのうちに、車道を見れば、飛び出たらどうだろう、二十階建てのオフィスの窓から外を眺めていると、飛び降りたらどうだろう、眠れないときは、睡眠薬を一瓶飲んだら寝られるだろうか……。そう思っているうちに、自分が泣いているのに気づくのだった。このままではだめだ、とカウンセリングを受けに来たのだ。

「本当に一生懸命に生きてきました。女性だから手に入れられないものがたくさんあったのですが、女性だから、結婚しているから、子どもがいるからダメだと言われたくなくて、本当に頑張って働いてきました。それなのに、何が手元に残っているのかわかりません。誰のために一生懸命に生きてきたのでしょうか。職場では後輩の女性たちの模範になろうとがんばってきましたが、そんなことは大したことでもないし……。子どもは夫と二人で産んだはずなのに、私だけが子どもに対して申し訳ない気持ちでいっぱいになっています。なぜあれこれと心配をしなければいけないのでしょう。会社の男性たちはみんな適当に仕事をしていても昇進するのに、私はいくら一生懸命に仕事をしても昇進できません。大切な自分の子どもを愛情一杯に育てたかったのに、職場で『母親だから』と言われたくなくて、おろそかな育児しかできず……。社会において、親としてではなく、個人として認められるのが、なんでこんなに難しいのかわかりません」

私が出会ったワーキングマザーたちは、みんなPと同じようにこう言った。母親だからと言われたくなくて一生懸命に働いた。毎日子どもに申し訳ない気持ちでいっぱいだ。夫に対しては、いつも頭を下げて感謝しなければいけない気がする。しっかり家事をしていないと義母に叱られそうで、戦々恐々としている。実母には高い服の一着も自由に買ってあげられず、悔しかった。私はいったい誰のために生きているのだろう、何をして生きているのだろう、自分の人生に意味なんてあるのだろうか？……と。

多くの方がご存じのように、これが韓国社会の『82年生まれ、キム・ジヨン』に代表される三十代半ばから後半の働く女性の日常だ。それだから、未婚の友人たちに対して、彼女たちの人生が本当にうらやましいと言ったりする。また、周囲で友人や年上の女性が独身でいるのを見ると、多くの女性が結婚制度について疑問を抱く。本当に結婚しないといけないのだろうか、と。

結婚するもしないも最終的には個人の問題なので、誰かに答えを出してもらうわけにはいかない。しかし、ある程度長く社会生活を送ってきて、結婚したまわりの人たちがどう過ごしているのかを見てきた女性たちは悩むのだ。人生の分かれ道で、結婚するほうの道を選ぶことに躊躇《ちゅうちょ》せずにはいられない。それほど、いまもなおこの社会では女性が社会人として、男性と同じ権利を享受し、堂々と生きていくのが難しい。

最近、二十代男性たちから逆差別だという声が上がっている。彼らの年代以外からも同じ意見が聞かれる。会社で気軽に女性と会話ができないそうだ。なぜ自分が仮想犯罪者のような扱いをされなければいけないのか、いまの時代ほど女性が暮らしやすい世の中はないのに、いったい何が女性差別なんだ、と言うのだ。ちょっと聞いただけでは、一理あるような気もする。しかし、それは韓国で女性として生きたことがないから、彼女たちが体験しなければならない日常の不便さを味わったことがないから言えるのだ。

女性として生まれても、分け隔てなく育てられ、男性と同等の実力をもち、社会に進出することはありうる。しかしその後、結婚をすればワーキングマザーとして難癖をつけられ、独身でいれば口うるさく言われ、冷たい視線に耐えなければならない。

女性たちは三十代半ばを過ぎると、結婚相手の条件がさらに厳しくなり、以前にも増して現実的にあれこれと悩み、結婚をためらうようになる。配偶者への愛情と献身という言葉で、誰かの妻になり、母親になる人生や、その多くの場合、自分を失うことになる人生を、経験的に見てきているからだろう。

結婚をしない、躊躇する理由が、死ぬほど努力して積み上げたキャリアが惜しいから、「経断女」【経歴が途絶えた女性を意味する俗語】になりたくないから、という理由だけではないだろう。誰かの妻や母ではなく、ただ「私」として生きたいという彼女たちの望みを、自分勝手だとけなす社会の雰囲気がある。妻、母親であると当時に「私」として生きようとするのに、どれほど多くの努力が求められるのか、どれほど多くの視線を浴びなければいけないのか、それは女性として生きてみなければわからないことだ。

あるがままの自分として生きたいという思い、それは人間であれば誰もが抱き、抱かねばならない、生きる理由であり、生きる意味、本質のようなものだ。

しかし、この社会は女性たちに、あまりにも長いあいだ、あまりにも厳しく「私」ではなく妻として、母親として生きることにのみ意味を与えてきた。女性がそうした役割を少しでも疎《おろそ》かにしたり、両立させようとしたりすると、気が強いとか、自分勝手だとか、欲張りだとか言って、目の敵にしてきた。それに耐えて生きる女性たちは、いやおうなしに罪人のふりをしないといけないような気分にさせられてきた。

女性たちがもはや結婚を夢見ない社会。それは勉強をしすぎたせいで鼻っ柱が強い、偉そうな女性がたくさん生まれたからではない。女性もたくさん勉強をして社会的地位を上げるべきなのに、そういう生き方を選べないようにしてきた社会に、まず責任がある。女性たちは、自分らしく生きられないのであれば、妻として、母親として生きる人生を拒否する権利がある。二つの生き方をすればいいなどと、簡単に言わないでほしい。

もちろん人生とは、人間関係のなかで相手に対して一定の責任を負うものだ。しかし、韓国社会はいままで家庭における数多くの責任を、暗黙のうちに女性に押し付けてきた。

資本主義社会でいちばん重要な経済的責任を男性に取らせて。

こうした押し付けは、もしかすると男女双方にとって暴力的だと言えるかもしれない。もう人々は役割や責任が定められた結婚という枠にはめられたがらない。その枠に入らない女性たちは、諦《あきら》めなければいけないことがあるものの、枠の外にもっと豊かなものがあるのに徐々に気がついている。

もはや結婚を夢見ない時代。それは個人のロマンスが失われつつあるというだけではない。これ以上『82年生まれ、キム・ジヨン』のように、「私」がなくなり、妻として、母親として生きなければならないのはお断り、という意思表示でもあるだろう。私はそれを喜んで支持する。

5 いちばん無責任な言葉「しても後悔、しなくても後悔」

うちの親は、私に何か熱心にやらせたり、あれこれ指図したりはしなかった。放任スタイルに近かった。強く信頼してくれているからだとつねに思っていたし、実際にそうだった。

結婚についても同じだ。何気なく「年を取ったらどうやってひとりで暮らすつもりなの……」「ずっと結婚しないつもりなのね」と言うぐらいだ。ただの一度もはっきりと結婚を急《せ》かされたことはない。その点がいつもありがたかった。そのせいか結婚に関しては、自らつくりだすプレッシャーやフラストレーション以外は、ほとんどストレスを受けたことがない。

いちばん年下の叔母《おば》が私にこう言った。

「結婚は、しても後悔、しなくても後悔よ……。そう、それでも私は結婚して、これといった後悔なく生きてきた。結婚しなかったら、もっと後悔したはず。あなたもいつか後悔すると思う。結婚してみなさいよ。悪くないわ」と。

叔母は年がいってから、子どもが三人いる一般の公務員の後妻に入った。自分の子は産まなかった。叔母は配偶者と本当に幸せに暮らしていた。当時としては晩婚だったうえに、継母だとわかる年齢の子どもを三人も育てることは容易ではなかっただろう。それでも、本当に幸せだと言った。

「叔母さん、結婚して後悔していることと、後悔していないことを教えて」

「そうね……、後悔していることねぇ。後悔とまではいかないけれど、もう少し長く実家の母と過ごせばよかったことかな。お母さんのことを大切にして世話をする時間があればよかった。そのぐらいかな。何か後悔していることがあったような気もするけど、質問をされたら忘れちゃった。後悔していない理由は、私は夫のことがとても好きだから。この人に愛されなかったら、生きる喜びがなかったかもしれない」

こんな言葉が返ってきた。特別な答えでも、印象的な答えでもなかったが、ふとしたときに私はこのことを思い出した。この人に愛されなかったら生きる喜びがなかったという言葉が。

叔母は美しく年を重ねていき、再婚相手と仲良く暮らしたが、あれほど叔母を愛していたその人も一年前に亡くなった。夫が死んだら私も死ぬと言っていたが（うちの母も同じことを言っていたが）、いまは母と叔母の二人で、とても仲良く、楽しく暮らしている。

結婚しても後悔、しなくても後悔とは、よく耳にする言葉だ。年配の人たちの話をしすぎたが、同年代や後輩たちを見てもあまり違わない気がする。夫とけんかしたり、仲が悪くなったり、子育てに追われて自分がなくなりそうな気がする、と嘆くように話す人たちは、結婚を後悔していると言う。しかし、すぐに夫や子どものことを考え、夫から受けた愛情、特に子どもから喜びを感じるときに、結婚しなかったらこんな幸せはなかったに違いない、いったいどうしていただろうかと考える。そう思うと、今も昔も既婚女性が結婚に対して抱いている見方は大差がないというべきだろうか。

しても後悔、しなくても後悔ならば、してみたらいいじゃないかと言う人たちがいる。しかし、結婚はインターネットのゲームではないのだから、練習のつもりで試すわけにはいかないのだ。

一度だけ考えたことがある。結婚をすることになったら、何をもっとも後悔するだろうか。実際に結婚してみないとわからないが、いまの考えと想像では、さほど後悔しないような気がする。結婚相手が想像を絶するほど変な人だとか、ひどく問題がある人でなければ。ところが、三十代半ば以降に結婚するとなると、結婚詐欺にでも遭わないかぎり、そんなに問題がある人に出会うことはないだろう。結婚をしても、ささいなけんかや意見の相違ぐらいはあるだろうし、一人暮らしのときよりも家事が少し増えるとか、扶養家族が増えるとか、時間の使い方に少し制限ができるとかといった点はあるが、さほど後悔することはなさそうだ。

結婚せずにこのまま年を取っていくとしたら、何を後悔するだろうか。仲間がいない寂しさ？　老後に待ち受ける経済的な問題や、病気に苦しむ境遇を、これからもひとりで解決していかなければならない心理的負担？

あえて挙げたものの、そのぐらいしかないような気がする。あ、叔母や友人たちから何度も聞いている、夫からのかけがえのない愛情が手に入らない後悔はあるかもしれない。

しかし、愛情はかならずしも夫からだけのものではないので、後悔とは違う気がする。大学卒業後に一人暮らしを始め、余裕はなくても一人で稼いで消費するだけの能力がある女性にとっては、結婚はしても後悔、しなくても後悔だから結婚してみたほうがよい、という選択はありえない。

韓国の保険研究院が調査した資料がある。一九八〇年代前半に生まれた人たちの多くは、結婚は検討対象で、できれば年齢がいっても結婚したいと思っている。そんな彼らはもう四十代になっている。一方、一九八五年以降に生まれた人たちの大半にとって、結婚はそもそもする必要がなく、選択肢の一つにすぎない。むしろ結婚をすることで不本意にも失うことになる仕事、社会的な経験、家族の名のもとに埋もれてしまいかねない自分の未来に対して、心配を抱いている。もはや、結婚をすべきか岐路に立つことすらなく、結婚しないほうがましだと考えるようになってきているのだ。

人はいつも選ばなかった道への未練を抱く。進まなかった道のほうが良く見える。おそらく結婚している女性が同年代の未婚女性たちを見ると、溜息《ためいき》まじりにうらやましいと言うのと同じで、結婚していない女性たちも、夫や子どもがいる既婚女性を見ると、同様の声をもらすのかもしれない。

今日の韓国社会では、わけもなく羨望の眼差《まなざ》しを互いに投げかけることが増えつつあるように思う。もはや結婚は個人に欠かせない発達課題の一つだとは考えられていない。結婚に憧れず、結婚もしない時代。しても後悔、しなくても後悔などと、結婚生活の苦しみを表す言葉を使う代わりに、「しても幸せ、しなくても幸せ」、または「しても幸せ、しなければもっと幸せ」と表現したほうがよいのではないだろうか。

結婚は発達課題から外されるべきだ。そうなれば、既婚者を中心に見ていた人生の周期を、結婚とは関係がない自分だけの人生の周期としてとらえられる。それもとても肯定的な視線、勇気が生まれることだろう。そろそろ韓国社会がそうした視線と勇気を受け入れてくれますように。

6 「うちの家族」という神話

カウンセリングルームに訪ねてくる人の多くが、「うちの父を許せません」と怒りに満ちた目で話し出す。ある人は涙をぽたぽたと流しながら「母がなんであんなふうに生きてきたのかわかりません」と言いながら、こう付け加える。

「私、結婚したくないんです」

「だから結婚しないつもりです」

カウンセリングにはさまざまな理論があるが、どのカウンセリング理論も家族との関係において形成されてきた個人の内面について観察する。理論による違いは、家族との関係を理解するのを重要視するのか、そうでないかだけだ。

人間は人との関係を結ばないと生きていけない存在だ。フロイトは人間の無意識について唱えたが、その無意識の大部分が、親との関係における幼少時の経験において、良い記憶と悪い記憶を区別・抑圧して受け止めることから生まれる。

ヒトは、この世のあらゆる哺乳類《ほにゅう》の中でもっとも長く親の世話にならないと生きられない存在であるため、親との関係、家族の意味は個人にとってきわめて大きな経験となり、大切なものとなる。人が生まれてから最低限のコミュニケーションが取れるようになるまで、家族は最強かつ必要不可欠な防波堤だ。特に苦難の歴史を乗り越えてきた韓国近代史では、家族という語をほとんど神話のごとく扱ってきた。

父親たちは、家族を食わせていくために体を壊すまで働いたと自負した。母親たちはそんな夫と子どもたちの面倒をみて、〈自我〉などというものを考える余裕もなく、献身的に世話をした。女の子は両親を少しでも助けるために、自分の勉強や人生を諦めてでも働いた。男の子たちは、そうした家族の犠牲を知っているので、家族の中で自分ひとりでも成功したら皆が助かると考え、勉強でもなんでも自分を押し殺して、すべてを捧《ささ》げた。個人を養い、責任を負える唯一の集団である〈家族〉。韓国近代史が築き上げた、華やかな資本主義の根幹となる家族という名の神話だ。もしかすると、韓国社会はこうした個人と家族の従順さや献身によって築き上げられた塔のようなものかもしれない。

見た目の華やかさは、男性たちの取り分だ。あえて二分法で男性と女性を分けて語ろうとしているわけではない。今日の韓国社会が、女性たちの晩婚化や、結婚をしないことを結婚ストライキとまで呼びプレッシャーを与えながら、女性たちにだけ負担を負わせるのならば、その不当さについて考える必要がある。

国家は、韓国近代史における開花期、日本による強制占拠を経て、日本からの独立を果たした後も、国民を守る盾としての役割をまったく果たさなかった。むしろ国民一人ひとりが国家のために、命を捨てる覚悟で立ち上がらなければならなかった。男性はそうした大義名分により、ときには命を懸け、名誉も手に入れた。もしかすると実際に日常の最前線で家族の面倒を見なければいけなかったのは、私たちがあれほど献身の代名詞のように考えてきた母親、つまり女性たちだったのかもしれない。

家を空けている夫の代わりに、または、稼ぎがよくない夫を支えて、子どもたちを養い、家庭を守らなければいけなかった苦難の歳月。そうした苦しい時間を乗り越えると、女性はどことなく馬鹿にした、あざわらうような、〈アジュンマ《おばさん》〉という名で呼ばれはじめた。社会は女性たちの人知れぬ労苦を、〈お母さん〉という呼び名の包装紙で覆って、大げさな賞賛を並べ立てたり、おもしろおかしく〈アジュンマ《おばさん》〉と表現したりするのを許してきた。

しかし、自分の一生に対する代償として、〈お母さん〉という呼び名を受けとりたくない女性たちや、〈アジュンマ《おばさん》〉という呼び名によって、中性的な存在かのように対象化されたくない女性たちは、もはや結婚を選択しないことで、家族という神話から抜け出し、〈私〉という人生を選ぶと言っているのだ。

ひとりで年を重ねていくことでいちばん怖いのは、ケアする人の不在だ。ひとりで年を取って病気になっても、看護をしてくれる人がいない場合や、経済活動を行えなくなり貧困に陥ったときのことを心配すると、家族をもつことが唯一の代案のように思われた。それが韓国近代史に足跡のように残っている人生の歩み方だったから。

しかし、本当にそうだろうか。生活保護申請者に対して行う扶養義務者による扶養可否の調査の問題は、何年にもわたり物議をかもしてきた。状況的には〈一人〉なのに、連絡もつかない名前だけの〈扶養義務者〉である〈子ども〉がいるために、国家からなんの支援も受けられない一人暮らしの老人たちの話をよく耳にする。

以前、社会を揺るがした母子三人の無理心中事件でも【二〇一四年二月にソウル市松波区で、生活苦のため行政に支援を求めた親子が受給拒否されて、練炭用の着火炭で心中をした。長女には慢性疾患があった】、家族という名で縛られていたため、社会は彼らにいかなる支援もしなかった。一度倒れると再起の扉を閉じられてしまう、生きづらいこの社会では、どんな経緯であれ経済的に破《は》綻《たん》して、家族全員で極端な選択をする事例が、しばしばニュースに登場する。

ここから読み取れることは何だろうか。つまり、私たちの社会を支えていた〈家族〉という名の神話は、徐々に崩壊しつつあるということだ。結婚をしない人たちが増えたからという理由だけではない。結婚をして家庭を築いて、子どもを育てていたとしても、歳のいった両親の面倒を見るのは、子どもの役割ではないということなのではないだろうか。経済的であれ、身体的であれ、精神的であれ、家庭で誰かが窮状にあったら、その家族が責任を負って支える時代が幕を下ろそうとしているのかもしれない。

もちろん家庭は今なお人間社会を構成する最小単位であり、人間関係を経験していく基礎的な共同体だ。しかし、そのすべての過程が男女の結婚という法的制度で縛られ、社会的に認められた家族というかたちのなかでのみ行われることに、そろそろ真剣に疑問を呈すべきだ。

「食口《シック》（韓国語で家族の意）」という漢字に一緒に食事をする者たちという意味があるのは広

く知られている。個人が築かなければならない基礎的な共同体は、かならずしも血の繫《つな》がりのあるものである必要はなく、どんなかたちでもよいのではないか、と共に考えるべき時代はすでに到来しているのに、気づかないふりをしてきたのではないだろうか。

人類が存在するかぎり、家族という枠組みは存在しつづけるだろうし、その一貫性については認めるところだ。しかし現代における家族は、私の両親が家族という言葉から思い浮かべるような、かつての神話的な枠組みにはなりえない。現代社会では、すでに個人化や普遍化がかなり進み、私たちが心配しているような老後の問題は解決できないことがわかっている。そうした現実を提起し、問題を認め、議論するのを躊躇しているだけだ。

結婚を夢見ることのない世代、結婚をためらう世代、家族という枠組みへの幻想を捨てる世代の登場だ。私たちが浸っていた血縁という名の家族神話から抜け出すとき、新たに想い描ける基礎共同体とは、いったいどのようなものになるのだろうか。人間には個々では生きられないという限界があるため、どのようなかたちであっても誰かと一緒にいたいと願う欲求はなくならないだろう。もはや結婚を夢見ることのない時代に、私たち、そしてあなたは、どのようなかたちで誰かと共にありたいだろうか。

あなたが夢見るかたちを共有してみよう。そうするとき、それは夢ではなく現実になるだろうから。

結婚をしてもしなくても、大切なことは
自分の人生で重視するものが何か、大切なものは何か
答えを出すことだ。
人生のオーナーとして、どうやって自分自身に責任を
取るのか、自ら答えを出そう。

そのため、ソロウェディングを
挙げることを選んだ女性たち、
彼女たちは自分自身と世の中に
変化を起こしている。
「真の自分を探す人生を
選んだあなたを応援する！
思いきり、全力で！」

第2章

ひとりの人生、自分を見つめる私の目

1 完璧なのに、なぜシングル？

私は自分のことを、どこかおかしいと思ったことがない。もちろん心の中には、あれこれとした悩みや、自分に対して恨めしく思うことや後悔、罪悪感のようなものがないわけではない。しかし、そんなことで自分自身を正常でないと思ったことはない。目を引く外見ではないし、幼いころからかわいいと言われたこともほとんどない。一位ばかり取るような特別頭がよい秀才でもなかったし、何かに秀でた天才でもなかった。

多くの友人がそうだったように、大学も得点に合わせて好きでもない学科に入学し、将来どんなことをして生きようかと悩みながら二十代を過ごした。いま思えば、後悔のほうが多い二十代だ。それでも自分のことを普通でないとは思ったことはない。

三十代はじつに悲惨な市民社会で働いていた。誰も認めてくれず、夜通し働き、駆けずり回り、デモにも参加し、本も執筆し、多くの人に会い、本当に目が回るような時間を送った。だが、幸せだった。自分のことを欠けたところがない存在だと感じていた。

欠けたところがないとは、どういう意味なのだろう。三十代以降、耳にすることが増えた言葉の一つが、「完璧《かんぺき》なのに、なぜシングルなの？」だ。あんなにも次々と同じ言葉を投げかけるのか、いまも理解ができない。

完璧の基準とは何なのだろうか。欠けたところがあったら結婚するなという意味なのだろうか。人々に「完璧なのに……」と言われるときの私はいったいどんな人間なのだろう。

専門的な仕事をする立場にあり、自分の仕事に誇りをもち、他人と摩擦を起こすこともなく、組織の中でも大きく目立つことなく、適切に装うこともできる、そんな言葉の数々が、完璧という言葉に込められているように思える。そのため、その後に続く言葉が、「なのに、そんな立派な人が、なんで結婚しないの？」だった。じつは、「なぜしないの？」ではなく、「なぜできないの？」という意味に近かったのかもしれない。「なぜできないの？」という言葉の奥には、「理想が高すぎるのでは」という意味も含まれている。

私自身も「なぜ結婚できないのだろう」「私のどこがだめなのだろう」「本当に理想が高すぎるのかな」と思わないわけではなかった。親友たちが一人二人と結婚生活に入ると、会話に夫や子どものことが出るようになる。私が何かちょっと口を差しはさむと「あんたは結婚してないからわからないわよ」と言われるので、心の中で「それなら私に話さなければいいじゃない」とつぶやくこともあった。

三十代半ば以降になると、こんな言葉をかけられるようになった。

「すごくいい人がいるの、気に入るかな。マンションを一棟、持っているんだけど、背がちょっと低いのよね。あなたも背が高い方じゃないから、大丈夫じゃないかな？」

「バツイチなんだけど、元妻が本当に変な人だったらしいの。年を取ったらひとりは寂しいでしょ？　いい仕事に就いているし、周囲の人たちも彼のことをいい人だと言うのに、変な女性に出会ったばっかりに結婚に失敗したことをすごく残念がっているらしいの」

ただの一度も、結婚したいから誰か紹介してほしいなんて、言ったことはないのに、こんなことを言ってくるのだ。私の意思は聞きもせずに。丁寧に断るべきか、一つ一つ言い返すべきか悩んだ。

「まぁ、一人暮らしも悪くないですよ。縁があれば、いつか自然に出会うはずですよね。出会えなかったとしても、あまり気にしないし」

できるかぎり丁寧に、大人の対応をした。

自分には欠けたところがないと思ってはきたけれど、なぜ結婚していないのだろう。フェミニズム運動をしていたわけでもないが、結婚に対しては大した夢もなく、そうかと言って結婚を真っ暗な洞窟《どうくつ》の中の生活のようだとも思っていなかった。それなのに……。

答えは一つだ。結婚したいと思う相手に出会わなかったのだ。もう少し正直に言うと、結婚したい相手はいたが、彼のほうが私とはしたがらなかっただけのことだ。それ以降は、人生を一緒に歩みたいと思う相手が、これといっていなかっただけだ。そんな私は結婚をしていないだけで、いまはひとりで暮らすことを選んでいる。

人は一般的に、ある程度の学歴があり、仕事にも就いていて、性格も悪くなければ、欠点のない人だと言う。そういう人はかならず結婚しなければならないとも思っている。結婚をしない人は、どこか人間性に欠陥があるか、生き方に問題がある人だと思われる。

本当にそうだろうか。じつは、欠点がないという言葉でその人を説明しようとすること自体が、とんでもないことなのだ。ひとりの人間が完璧かどうかなんて、誰も決められないと思う。もちろん成人すれば、両親を頼らずに生活し、他人に迷惑をかけず、自らの人生に責任を負わなければならないだろう。女性にも男性にも必要なことだ。しかし、誰に対しても結婚の機会が準備されているように見えても、かならずしも結婚できるわけではなく、準備されていないからといって、結婚できないわけではないだろう。

大切なのは結婚を選択する私の価値観だ。どんな人と結婚したいのか。いわゆる完璧な人という条件が整っていれば、結婚してもよいと思っているのか。数学の公式のように数値を入れれば解答が得られるわけではないが、少なくとも人生の重要な選択をするのに、このぐらいの質問に対しては、あらかじめ自分の価値観がなければいけないのではないだろうか。

そして、完璧かどうかの定義は、他人が決めるのではなく自分で決めるべきだ。これには職業も、財産も、外見もすべて含まれるかもしれないが、大切なことは「自分を誇りに思えるか」ということだ。

いまを一生懸命に生きている私、あるときは不安で寂しく、また、あるときは恐怖を感じながらも、むしろひとりでいることを心から楽しむ。そんな自分自身が心から誇らしく思えるとき、私は完璧な人間であり、それゆえにシングルの人生も十分に楽しんでいるのだと自信を持とう。

「完璧なのに、なぜシングルなの？」と言ってくる人たちには、堂々とこう言おう。

「私があまりに魅力的だから、まだ一緒にステップを踏める魅力的な人に出会ってないんだ。これから出会うかもしれないし、出会えないかもしれない。そんなことは重要ではなく、今の生活のままで十分。この人生を楽しみたいの！」

こうした自信がシングルのあなたをさらにすてきに見せてくれることだろう。

2 シングル、私にとって良い点を書いてみよう

「お姉《オン》さん《ニ》、今日は会えそうにないの。子どもの具合が悪くなって、病院に行かないといけないんだ。ごめんね」

約一年ぶりに会う約束をした友人からメッセージが届いた。

「うん、わかった。大したことなければいいね。早く病院に行ったほうがよいよ。お大事に」

手短かにやり取りをして、出かける準備をしていた手を止める。土曜日の午後、久しぶりに友人と会う約束をしていた。私が忙しかったわけではなく、専業主婦の友人が忙しくてなかなか時間が取れなかったのだが、今回も結局またダメになった。

二十代後半に自炊をしながらとても仲良く過ごした友人は、すでに結婚していた。いまは夫と仲良く暮らしているが、会う時間はほとんどない。ときどき電話で話すが、子どもが小さかったときはそうした通話さえ難しかった。私が電話で話せる時間は、友人にとっては通話が難しい時間になり、友人に時間がある昼の時間は、私の勤務時間だった。長距離恋愛でもないのに、私たちは互いの生活のタイミングをそんなふうに合わせられずに過ごしていた。

「お姉《オン》さん《ニ》はいいよね。やりたいことをしていて」

友人はいつもそんな言葉を口にした。彼女は、仕事にそれほど意欲的なタイプではなかったが、家で子育てだけをして年を取っていくのが、ときどき情けなく感じるらしい。こんなふうに生きるのがわかっていたら、あんなに一生懸命に勉強をしなくてもよかったのに、と思ったり、経済的に苦しくなると、私も稼がないといけないのでは、と不安に苦しめられたりすると言う。多くの専業主婦たちの言葉と同じだ。

私が教えていた女子学生の母親はこうぼやいた。

「うちの娘、セヨンが、いつか先生みたいにひとりで暮らしたいって言っているんです。お母さんと年齢も同じなのに、先生は太っていないし、おしゃれだし、仕事もしていて、すごく格好良く見える、って。ひとりで生きたいらしいです。もしもうちの娘が結婚をしなかったら、先生に責任取ってもらいますよ」

「ええ、わかりましたよ。でも心配しないでください。セヨンは結婚すると思いますよ」

「ですよね？　ハハハ」

お互いに大笑いした。

ひとりで生きる人生を体験したことのない人にとっては、とてもロマンチックに思えるのかもしれない。「選ばれざる道」という詩があるように【アメリカの詩人ロバート・フロストの『The Road Not Taken』】、人間は誰しも自分が進まなかった道に対して、憧れと後悔をもっている。

あのとき、あの道を選んでいたら、あの人のことを振らずにずっと付き合っていたら、結婚をしていたら、転職をしていたら……。私たちは、あのとき、ああしていたらという無数の仮定と、それによって変わったかもしれない結果について想像する。それが人間の姿だ。特に女性たちにとっての結婚とはそういうものだ。

多くの専業主婦は、結婚せずにシングルとして生きている友人を見ると、うらやましいという言葉を漏らす。彼のことが大好きだと言って結婚はしたものの、番犬でもないのに、夫に縛られ、子どもに縛られて惨めだ、ひとりで暮らすあなたがうらやましいと。朝から晩まで面倒を見ないといけない家族もいないし、眠くなったら寝て、起きたくなったらベッドから出て、旅行に行きたくなったら旅に出て、何一つ縛られるものがないのだから、どんなに自由なことかと。そう考えるとシングルは気楽そうに見える。縛られるものがないのだから。

しかし、重要なことが一つある。シングルは自分自身に縛られている。シングルは外部からコントロールされるのではなく、生涯にわたり自分をコントロールし、節制や忍耐を実践していかなければならない。誰かの面倒を見たり、誰かに縛られたりはしていないが、自分以外には誰も面倒を見てくれる人がいないのを痛切に感じるので、私はひとりで生き残らなければならない人間だ。

「ひとり」でいることに誇りをもてなければ、シングルの人生はとても惨めに映るため、ときに同情の視線を投げかけられる対象になってしまう。男性たちが、年齢が高くなるほど独身暮らしはひどくなる、と言う理由は何だろうか。

貧乏臭く見えるというのだ。衣食住から暮らしぶりまでがゆるく、だらしなさそうで、どことなく哀れに見えると。女性は男性よりは若干マシだが、自分の生き方に自信がもてない女性も同じように見えることだろう。

他人からうらやましがられて生きるのは、かならずしも幸せな生き方ではない。他人の生き方をうらやましがるばかりなのも良い人生ではない。しかし、人生に対する自尊心というのは、少なくとも自分の生きざまを認めて、他人からは「わぁ、幸せに暮らしているのね！　そういう人生もすてき。夫も子どももいなくてカッコいい！」と言われることで、さらに高まるものだと思う。

シングルで「わぁ、幸せに暮らしているのね！」と言われるには、どうしたらいいだろうか。

それには、まずシングルとしての生き方の良い点を見つけよう。良い仕事、経済的な豊かさ、楽しみが多いといったことだけではない。それは見た目を形作る輪郭であり、外壁のようなものだ。外壁で囲まれた、人生という建築物の屋台骨が何でできていて、それを支える礎石が何でできているのか、自分で理解していることがとても大切だ。こうしたことに満足し、誇りに思えるとき、「わぁ、すてき！」と言われるような人生を送ることができるのだ。

女性は三十代後半になってもシングルだとなんとなく気後れしたり、立派な職業に就かなければいけないようなプレッシャーに苦しんだりする。以前は簡単に訪れた恋愛の機会も徐々に減っていき、一緒に遊んでいた友人たちも少なくなっていく。満足できない自分の外見にがっかりするときもある。ひとりで寝るベッドが運動場のように広々と見えることもある。だからといって、それが結婚をすべき理由にはならない。

いまの独身生活で、何が誇りで、何に満足しているのか、いまの人生における長所をリストに書き出したときに、十種類以上を書けなかったなら、たとえ結婚してもいまと同じようなストレスが訪れることだろう。

シングルの人生について長所と思うことをリスト化してみよう。そして、いまあなたが気に入っているライフスタイルもチェックしよう。もちろんそのスタイルが永遠に続くことはないだろう。すぐに別の生活環境におかれ、別の不安が押し寄せ、他の役割を果たさなければならなくなるだろう。

大切なのはいまだ。いまのシングルライフにおける、私だけの長所と喜び！　それが書けなければ、いま私は人生を無駄に過ごしているのかもしれない。夫がいないことや、子どもがいないこととは関係なく、私の人生のよい点をリスト化しよう。

ひとりでいる時間を楽しめる私、シングルだから計画できる私の未来、シングルだから享受できる金銭的、時間的余裕、シングルゆえに負わなければならない責任に耐えている私。こうしたあらゆることが長所となりうるし、それらが揃ったときに、本来のシングルライフを生きることになるのだ。

覚えておいてほしい。人々がこちらを眺めるだけで「あんたは夫がいないから、そんなことができるんでしょ。子どもがいないから、こんなこともできるんじゃない」と言ってくるのは、彼らの考えにすぎない。夫がいないから、子どもがいないから、夫の実家がないからできることは、私の長所ではない。

ひとりだからこそ、心の奥深くにある自分の感情に集中できる多くの時間や、面倒を見なければいけない家族への義務や責任を負わずに〈私〉だけを見つめる時間を持てる。そうしたものを見つけていき、シングルライフの長所で、人生を楽しく受け止めてみよう。人生がずっとすてきに感じられることだろう。

3 無理に自分を説明しなくても大丈夫

「君が君であることを証明しなくていいんだよ」

ウェブトゥーンに出てくるせりふだ。トランスジェンダーのAが人々に後ろ指をさされたり、声をひそめて話されたりするとき、彼の社長がAをかばって言うのだ。

「逃げるなんて言うなよ。君が間違っているわけじゃないから。あえて君が君であることを、みんなに証明しなくてもいいんだよ」と。

すてきだ。トランスジェンダーを理解できる、できないという問題ではなく、あえて自分らしさを人々に示す必要はないというのだ。ときどきウェブトゥーン、ドラマ、本、映画などで、重要な人物による核心をついたせりふに出会うことがある。心理学やカウンセリング学においてかなり大切な言葉が、簡潔に、心に響くように、的を射た表現で登場するのだ。これもそうした言葉の一つだ。

大人になって、転職をするたびに自己紹介書【就職活動で提出する書類で、成長過程、職務経歴、社会経験などを記す】を書くのが本当に嫌だった。精神的にぐったりしてしまう。しかし人を募集する立場になると、志願者がどんな人かわからないため、自己紹介書を一生懸命に見ることになる。最近はそれほどではないものの、この社会は個人に驚くほど多くの質問をする。既婚かどうか、家族関係、出身校などについても訊《き》き、こういったことを知らないと親しくなれないと考える傾向が強い。

私も新しい集まりに顔を出すときちょっと戸惑う。ほとんどの人は、既婚かどうかは訊いてこないが、誰と一緒に住んでいるのか、子どもは何歳かなどを唐突に訊いてくる人がときどきいるのだ。既婚でも未婚でも、それがとてもプライベートな領域で、質問しないのがマナーだということを知らない人が多い。そればかりか、まだ何も言っていないのに、「あら、私が仲立ちしないとだめね」などと言われることもある。いったいどうしたらそんなに出しゃばれるのだろうか。

考えてみると、私たちはひたすら誰かに自分の存在を証明しなければいけないような強迫観念に苦しめられている。どんな業種なのか、どこの会社に勤めているのか、既婚かどうか、さらには、現在どの街に住んでいるのか、といったことが自分を証明する道具になってしまった。

存在感のない無数の群衆の中で目立つ存在になりたくてしかたがない。自分のことを証明できなければ、存在価値すらないような錯覚に陥ることがある。私はSNSをそれほど楽しむ方ではない。サイワールド（Cyworld）【韓国で一九九九年に登場したソーシャルネットワーキングサービス】が流行したときもそうだったし、その後に登場したTwitter【二〇二三年七月に「X」に変更】、Facebook、Instagramにもたいして関心がなかった。かわいく、楽しく、すてきに演出する能力もないし、もっと正直に言えば、なぜあんなに仮想空間に時間とエネルギーを使えるのか、とうてい理解できなかった。わざわざ自分が何をしているとか、誰と一緒にどんな食事をしていて、どこに遊びに行ったとかを、他人に知らせても、これといってメリットがないような気がするからだ。

　もしも、私が個人的にSNSを使いこなして有名になり、皆が関心をもってくれたら、もっと興味をもって一生懸命に運用したかもしれない。とはいえ、もしフォロワーが数千名いたからといって、私の人生がそんなに変わるのだろうか。

　もしかすると、フォロワーを満足させるために作り立てたり、飾り立てたりして、自分のものではないのに、そうであるかのように見せることになったかもしれない。あまりそんなふうには生きたいとは思わない。使いこなせないからかもしれないが、「ここに私がいますよ」と叫び、存在を証明しなくても十分だ。私としてここに存在し、私なりに満足していて、さらに、私と会話や意見を交わし、互いの喜びや悲しみを分かち合う人たちがいれば満足なのだから。

　実際に三十代も半ばになると、シングルたちの集まりでも経済力によって、職業や住んでいる地域によって、目に見えない一種の階級が出来あがることがある。そのため三十五歳を過ぎると、四十代になった女性がカッコいいと認めてもらうには何が必要なのかを考える。

すてきな職業、二十代に劣らない体形で、気の利いたセンスやウイットがあって、リッチでないといけないのではないだろうか。魅力的な暮らしをしていないと、一人暮らしが惨めに見えて、シングルでも幸せに生きていると証明できないのではないだろうか。結婚もしていないのだから、なにか成し遂げたものがなければいけない、と自分にプレッシャーをかけて、社会的な幸せや、羨望の対象になるもので自分を満たしたがる。

「世の中の人たち、見てちょうだい。私は結婚する代わりに仕事を選び、成功して、あなたたちがうらやましがるすてきな生活をしているのよ」と。

きわめて自然な、素の欲望かもしれない。ある意味当たり前だ。すてきな職業、残高の多い通帳、人目を引くスタイル、フォロワー数などで自分自身を繕えば繕うほど、すべて取り除かれたとき、私はいったい誰で、どんな人間になるのだろうか。

わざわざ他人に自分のことを説明したいという欲望は、見かけが豪華でないといけないかのようなプレッシャーを与えてくる。自分について他人に説明した後、自分にも同じ説明をしたとしても納得させられるのだろうか。

もう少し正直に言うと、「結婚せずにシングルでいる理由はこうだ」、または「シングルだからこれだけのことを成し遂げた」などと、なぜ言うのだろうか。無意識のうちにシングルである自分を、不十分な人間、不十分な人生だと考えているからこそ、私も標準的な人間だとしきりに叫びたくなるのかもしれない。

大丈夫、自分を証明できなくても。結婚していても格好いいワーキングマザーたちはいるし、結婚せずに年を取っても、格好いいとは言えないアルバイトで生計を立てている人たちもいるだろう。

こうしたことでは自分を証明できない。そんな上面で自分を証明しようとした瞬間から、いまのシングルライフがおかしくなり、弁解しなければならない状態に陥ったと気づくことになる。そうなると、穴があったら入りたい気分になり、もっと年を取ると、さらに惨めになっていく。

自分を証明する必要なんてない。アルバイトをしていても、チーム長でも、社長でも、他人が満たしてくれるものなんてない。ただ、私が築いてきた人生だ。

私として存在する私！

いま、ここに二本足で立っている私！

シングルでもそうでなくても、残高が多い通帳をもっていてもいなくても、キラキラした名刺をもっていてもいなくても。あなたがいま二十歳でも、三十歳でも、四十歳でも関係なく、その存在自体が輝いている。そのことを理解して輝きを放つとき、あえて他人に説明する必要はなく、証明するよう要求されずにすむ。

　私は、自分が生きているということだけで十分に輝いており、存在を証明できるのだから！

4 私は誰かの奥さんではない

　三十代も半ばになると、友人たちが口を揃えてこう言ってくる。

「昨日、スーパーに行ったら、どこかの子どもが走ってきて、私のことをトントン叩《たた》いたと思ったら、『アジュンマ《おばさん》、これ落ちたよ』って言うの。ありえないわよ。アジュンマなんて……」

　人を名前で呼ぶのに慣れていないこの社会では、知らない年上の人をなんと呼べばよいのか、ちょっと困るときがある。なんだかんだ言っても未婚なのに、アジュンマと呼ばれなければいけない瞬間の戸惑い。「アジョシ《おじさん》も同じように感じるのだろうか」と思ったことがあるが、アジョシはどうも違うようだ。

アジュンマ。この言葉が与えるニュアンスとは、どんなものなのだろう。〈アジュンマ〉の意味を辞書で引くと、アジュモニ【アジュンマの正式な呼称で、年配の女性を指す】を見下げて呼ぶ言葉、または幼児がアジュモニを呼ぶときの言葉とある。それではアジュモニはどんな意味になるのだろうか？

「アジュモニ」の辞書的な意味
両親と同じ世数関係【同血族の直系から分かれる系統間の名称。祖先から何代目か表す】にある女性を呼ぶときの名称
男性が同じ世数関係にある人の妻を呼ぶときの名称
結婚している女性を、他人が呼ぶときの名称

こうして見ると、アジュンマという言葉にはそれほど悪い意味も、見下すような意味も込められていないようだ。実際に、私たちはこの言葉の意味をどう受け止めているのだろうか。根気強く、子どものためならどんなことでもするが、なんとなく気配りなんてできそうになく、自分勝手な印象。結婚して子育てをしながら、家庭以外の世話までは手が回らなく、いつの間にか女らしささえ失ってしまった女性に漂う惨めさ、真似したくない姿

を連想させる。

そのためシングルの女性たちは、アジュンマと呼ばれることに、「他人の目に映る自分には女性らしさがなくなっているのではないか」という一種の不安や、若くて美しい花のような時期が失われつつあるという劣等感を感じるのかもしれない。

ところで、おもしろいことがある。四十代になると、道端ではアジュンマと呼ばれるのに、何かを決める場面や注文する場面、お金を支払わないといけない場面になると、サモニム《奥様》と呼ばれ、呼び名が変わるのだ。不動産会社の社長も名刺を渡してくるときに私のことをサモニムと呼ぶし、家にエアコンを設置しにきた技師も、詰まった排水口を修理しに来た業者の社長も、久しぶりに行ったデパートの売り場のマネージャーも、例外なく私のことを「サモニム」と呼ぶ。


「サモニム」
一　師の夫人に対する敬称
二　他人の夫人に対する敬称
三　目上の人の夫人に対する敬称

結局、サモニムとは誰かの夫人の呼び名ではないか。私は誰の奥さんでもないのに、シングル女性に対する最高の呼び名がサモニムだと言うのならば、敬意を払ってもらうには誰かの妻でなければいけないということだ。

一度は「私、サモニムじゃないんですよ」と言ったことがある。たしかサービス業の人だったと思う。戸惑っていた。「ふつうに先生《ソンセンニム》【韓国では年上の他人を先生と呼ぶことがある】と呼んでくだされればいいですよ」と伝えた。

「サモニムじゃない」と言ってしまうと、適切な呼称がなかった。これからひんぱんに会うわけでもないのに、牧師、教授、代表などと呼んでくれと言うのは、考えるだけでも笑える。そこで、口を突いて出たのが先生だった。いちばん性別に関係なく無難な呼称だと思われたからだ。

私が結婚していないから、アジュンマやサモニムと呼ばれるのが嫌だというわけではない。どちらも誰かに依存したアイデンティティを表す呼び名だからだ。それなりの年齢の女性が、誰かとの関係で決まる呼称でしか呼ばれないのが、妥当ではないだけだ。それは誰かに属しているという意味ではないのか。

私は誰にも属さず、人生の責任を自分で取る、単身世帯の世帯主であり、家長なだけだ。女性が年を取ると、誰かに属している人だけがまともに対応される。そんな昔の名残がある呼び方が嫌だ。

結婚をした人たちの呼称も同じだ。誰々のお母さんや妻としてではなく、本来の名前で呼ばれるときに完全な存在になるのだ。

じつは、アジュンマやサモニムだけでなく、この社会ではなんらかの呼称で相手のことを呼ぶ。教授、社長、代表、部長、チーム長、理事など。そして、その呼称がもつ重みによって、相手を把握することがある。低姿勢で接するべき人なのか、軽んじても構わない人なのかといったように。

そのためグループカウンセリングでは、年齢や男女を問わず全員にニックネームを付けて、呼び合うことにしている。互いに分け隔てなく接するという意思を表すのだ。そのような社会になればよいと思う。男性も女性も、既婚者も未婚者も、誰かに自分を示す社会的な名刺や、誰かに属する呼称で存在を示すのではなく、ただ「私は〇〇です」と名前だけで十分な社会に。先入観をもたず、相手に対する態度が最初から丁重すぎたり、ぞんざいすぎたりせずに、みな対等な出発点と立場で見つめ合う社会に。

そういう社会では、一人暮らしの女性は、誰の奥様でもないひとりの女性世帯主であり、生活ももう少し自由で安定し、堂々としていられることだろう。

5 N年後の自分を想像する

年を取ると、おのずと学び、理解できることが一つある。人生において実に大切なことだ。それは、人生は計画どおりには進まず、思ったとおりにはならないということだ。

少し前に、後輩が仕事の再契約の対象から外された。彼女はその職場がとても気に入っていた。契約社員だったが、きわめて安定した仕事で、望めば契約の再延長も可能だった。

ところが、再契約更新時期が、経営者の交代後だった。募集広告も出したが、ほとんどの人が雇用契約承継で再契約となるはずだと言われ、その言葉を固く信じていた。書類選考や面接など、あらゆる採用プロセスに応じたが、なんとしたことか、後輩は再契約の対象から外され、突然失業者になってしまった。その会社に通っていたからこそ可能だった博士課程への進学や、他にいくつもの予定があったのに、すべてが水の泡になった。後輩はこう言う。

「先輩、人生は計画どおりにいかないものですね」

そう、人生は計画したとおりにはいかない。すぐに決まると思っていた就職はハードルが高くて上手くいかず、あの人しかいないと大恋愛の末に結婚準備までしたのに、ある日あっけなく別れたりする。絶対に一生結婚なんてしないと言って、私から去っていった男は、わずか三か月後に、二か月付き合っただけの女性と結婚をした。私が買ってあげたり選んであげたりしたものばかりを身に着けて、七年も付き合った彼が。

子どもの頃は、一生懸命に勉強さえすれば、努力次第ですべてが変わると思っていた。もちろん、勉強面での努力が足りなかったのが問題だが。いま思うと、あの頃が計画どおりに人生が進み、努力しただけの対価が手に入るのを体験できる唯一の時期だったのではないだろうか。

計画どおり幸せに人生を生きてきた三十代半ばの女性のなかには、この年齢になる前に結婚をしようと計画していたのに、計画どおりにいかなくて理性を失いそうだと言う人もいる。彼女たちは結婚しないこと自体が問題というよりも、プランどおりにいかないことが腹立たしく、耐えられないのだ。つまり、努力に見合う対価が得られないことや、自分の人生なのに上手くコントロールできない気分にさせられる現実を前に、無気力になってしまう自分に耐えられないのだ。

しかし、どうにもならない。人間が神でない以上、人生は計画どおりには進まない。もしかすると神でさえ途中で計画を変更するかもしれないのに、ましてや人間なのだから。

私の人生に描かれたロードマップなんて、一晩で変わることもある。そうした理知（?）や道理を受け入れたほうが楽に生きられるし、計画どおりにならなかったときに、ぶつくさ言うだけで立ち上がり、さっさと他の道を見つけられる。

　これが人生だと悟り、自分ができることが何かを理解するのが四十歳を目前にした年齢。かといって、すべて手放して年を取っていく自分が哀れで、どうしようもない憂鬱さと無気力さに、じっとしていられない。受け入れるのと、諦めて敗北するのとでは違うからだ。日々は描いたとおりにはならず、ある日突然に予想もしていなかった出来事が起こり、方向が変わることがあるのもわかっている。

　それでも、未来を想い描き、五年後、十年後、十五年後、二十年後の自分の姿を想像する。私自身の夢を、私の未来を思い浮かべる。夢を抱き、未来を思い描くのも一種の計画だ。その計画どおりにいかない可能性のほうがずっと高いこともわかっている。それでもそうやって未来の自分の姿を想像するのはなぜだろうか。

　人間は夢を抱く存在であり、希望をもつ唯一の動物だ。未来は、正体不明の予測できない不安と共にやってくる。未来と不安、この二つのバランスを心の中で保ちながら生きる人が健全な人だと言える。

　これから訪れる未来に対する不安に怯《おび》えて、すべて計画的にコントロールし、計画にない危険要素はできるかぎり取り除いていこうとしたら、不安は増す一方だ。そういう人たちはプランAからプランZまで計画を立てる。プランAが上手くいかなくなったとき、プランBに移る前にプランA1があるかもしれないのに、その可能性を排除してしまう。そして、そうなったときには不安障害、強迫性障害、パニック障害などを発症する可能性が高くなる。

一方で、未来に夢を抱き、希望をもつ者たちはどうだろうか。夢を抱き、希望をもつということは、そして、数年後の自分の姿を思い描くということは、単に計画を立てるのとは少々違う話だ。もっと広くて大きな絵を描くことだ。

十年後の自分を描いてみろと言われたら、大部分の人は、どんな会社に勤め、年収はどのくらいで、誰と一緒に目覚める生活を送っているのか思い浮かべる。そして、週末には何をして、どこに旅行に行くのか、といったことを想像することだろう。悪くはない。こうした未来は、ときに私たちに笑顔や爽快《そうかい》な気分をもたらす。

しかし、いまから十年後の自分を思い描くということは、どんな仕事をして、どこの街に住み、どれほどの収入の人間になるのかを思い描くことではない。どんな人生を生きるのか考えて、準備をする必要があるのだ。年俸レベルや住んでいる街とは関係なく、未来の自分をいまよりも温かく受け入れているのか、まわりの人たちに対して思いやりのある人間になっているのか、家族、友人たち、そして私が属するコミュニティにどのような影響を与える人間になっているのか、などを想像するのだ。

私はどのような存在として生きているのだろうか、と想像すること。それが未来を思い描く私の仕事だ。もちろん、その中には具体的な職業も年収も入るが、私がその仕事に就いていないから、また、それだけの年収がないからといって、まわりの人に優しく寛大な人間になれないというわけでもない。目に見えるものは、短時間で集まるが、あっという間に消え去る。

片や、目でとらえられないまま、私の内に集まってくるものは、少しずつ蓄えられていき、ある瞬間に輝きはじめるのだ。温和な顔つき、穏やかな微笑、私を表現する一編の詩、誰かの手を引いてあげる皺《しわ》だらけの手、とんとんと肩を叩いて慰めてあげられる懐の深さ。これらを備えた人になれるように、少しずつ年を取っていく自分を思い描く。

次の文章は、私が三十歳のときに、こんなふうに年を重ねていきたいと書いた文章だ。今日、もう一度自分自身に問いたい。私はそのとおりに年を取れるのかと……。

〈五十歳になったら〉

五十歳になったら　こんな人になれるようにしてください

魂に向けられた温かい眼差しと笑みを
もつ人になっても
いい加減な人や浪費家のように映らず

魂に向けられた夜明けの空気のような
清々《すがすが》しさをまとっても
冷ややかであったり威圧的であったりしませんように

正直で、誠実でありながら、近寄りにくい人ではなく
純粋で素直でありながら軽率でなく
世の中の流れに身を任せても
たやすく流されませんように

自らに根を下ろし
その眼差し、その声が
他の人の魂を慰められますように

これらすべてのことが　あなたからの愛であることを
知っているので
あなたからの愛を私の体いっぱいに受け止めて
進む一歩一歩に
日差しにあふれた微笑みのように愛が広がりますように……

五十歳になったら
そんな人間になれるようにしてください

6 私にとっていちばんの親友になることにした

「いちばん仲の良い人は誰？」

幼いときは、よくこんなふうに聞かれた。いまもカウンセリングルームに子どもたちが来たときには、こんな質問を投げかけることがある。

「仲の良い友だちは何人いるの？」

今も昔も友だちは大切だ。ところが、学んで、年を取っていくうちに、この問いかけに、私はこう答えるようになった。「私は自分にとっていちばんの親友になりたい」と。

カウンセリングも中盤あたりになると、多くのクライアントがこう聞いてくる。

「自分を愛さなければいけないのはわかります。でも、何をどうすればいいのかわからないんです」

そのとおりだ。自分を愛するのは、じつに難しい。自分のことを充分に愛せるようになると、望みどおりに、自分が自分にとっていちばんの親友になれるかもしれない。実際、自分を愛さなければいけないという言葉は、最近もっともよく耳にする言葉の一つだ。数多くの自己啓発書やカウンセリングで、人生のメンターと呼ばれるような人たちが、自分を愛せと言う。

ところが、ときには禅問答のように響く。いったい何を、どうすれば？　なんでもかんでも受け入れろ、ってこと？　やりたいように生きればいいの？　自分勝手すぎるのでは？　などと考えるようになる。

あたりまえだと思う。私たちは幼いころから、自分を愛する方法に慣れ親しむ前に、まず他人から愛される方法を身につけようと努力してきたからだ。それは何かが上手にできれば手に入れられるものだった。

たとえば、きちんと挨拶《あいさつ》ができ、よく笑い、両親の言うことをよく聞き、熱心に勉強し、優しく、思いやりをもって、など、他人からの無数の要求に応《こた》えることだった。幼少時は、両親から与えられるミッションのようなものを、そのまま素直に受け入れればかわいがられ、一目置かれる子どもになれた。愛され、認められてこそ、生き残るのに有利だということを、私たちは本能的に知っている。

聞き分けがよくて、おとなしい、いわゆる優等生の子どもたちは、間違えることも脱線することもなく、大人の言うことを聞きながらまっすぐに育った。大人になり、良い会社に就職し、安定した生活を送っている女性の大多数は、そうした人生の過程をたどってきている可能性が高い。両親をがっかりさせることもなく、周囲の期待を裏切らず、社会のルールに従ってきたのだろう。

そんなふうに生きてきた彼らが失ったものが一つある。自分の感情や欲求への関心だ。人から求められた内容が、自らの要求だと思い込み生きてきた。自らの内に湧き上がるものを抑えて監視しながら、他人から褒められた姿が真の自分だと信じ込む。おとなしく、優しく、気配りができて、賢く、しっかりしていて、冷静沈着、そんな姿が本当の自分だと思って生きてきたのだ。そのため、込み上げる感情、ネガティブな心の動きなどは感じずに済めばいいと思っている。もしくは、実際に感じられない。周囲の期待に応えられないと、自分に失望して、残念に思うどころか、ひどいときは自責の念に駆られることすらある。

逆にこのことから、自分を愛するとはどういうことなのかがわかる。自らの内にある偽りない感情を認め、それを非難することなく理解し、そのまま受容することなのだ。つまり、ポジティブな面だけでなく、ネガティブな面にも気づき、理解し、受け入れなければいけないということだ。

とても有名な外国企業の韓国支店でチーム長をしている三十代後半の女性が、カウンセリングを受けにやってきたことがある。彼女は身だしなみに気をつかっているし、会社でも相当認められていて、ひとりで暮らすことにはたいして不便を感じないと言う。社内での評判も良いし、周囲の人たちとの関係も良好だそうだ。

それなのに、しきりに苛立《いらだ》つというのだ。他の人たちの行動がつねに腹立たしいし、気に障る。それを口にするわけにもいかないので、もどかしいし苛々するのだが、我慢をしている。このままでは思わず爆発してしまうかもしれない。

ある日の人事発表では、彼女に比べたら大した実力もなく、対人関係も良くない同僚の女性が先に昇進をしたので、うらやましいのと同時に腹が立った。さらに、彼女は自分の人生に対して充分な自信をもっていて、自分のことが好きだと言う。

ところが、苛立つときや誰かのことが腹立たしいときに、戸惑うのだそうだ。

「こんなふうに苛立つべきではないのに」

「なぜ、しょっちゅう他人のことを非難しているのだろう？　間違っている」

こんなふうに考えていた。

何が問題だったのだろうか。いろいろと詳しく分析しなければならないけれど、この場合、まず自分を愛するには、前述のような感情が起きたときに自分を責めるのをやめることだ。

「あ、私、苛立ってるんだ。何に対して苛立っているんだろう。たしかに、しかたないよね」

「私、嫉妬《しっと》している。だいじょうぶ、そんなこともあるよ」

心の深いところに湧き上がるさまざまな感情は、成長期に傷ついた幼い子どもだ。傷ついたまま成人したあなたは、抑圧して手当をしなかった内なる子どもが発する言葉に耳を傾け、同意し、抱きしめ、癒《い》やしてあげなければならない。それが自分を愛するということだ。そこから自分に対する愛が始まる。

いま不適切だと思っている感情や考えを非難して抑圧するよりも、理解して同意してあげること。そうすることで、内にあったネガティブで不愉快な気持ちを外へと放ち、自然と気持ちが落ちついていく。これらは心理学用語で防衛機制と呼ばれるが、自分に働く防衛機制と対面し、理解し、いたわりはじめるのが、自分を愛する道への第一歩だ。

特に女性として多くのことを求められてきた私たちの社会では、「私は、私であることが好き！」と堂々と言える力をもつのがとても大切だ。そうした力があってこそ、他人からの不当な要求をきっぱりと断れるようになる。他人の無礼な態度から自分を堂々と守り、苦しく被虐的な関係にとどまるようなことがなくなる。

自分を愛するというのは、自分を尊重することでもある。集団カウンセリングに行くと、「私は、私であることが好き」という言葉を、何度も繰り返して言わされることがある。

呪文《じゅもん》を唱えるようで嫌だった私が、一朝一夕に変わるわけがない。それでも、この言葉を心に深く刻むことは、そうなりたいという願いを表現することでもある。

ネガティブな欲望、哀しみ、妬《ねた》み、幼い子どものような心、これらすべてが私の内に存在する。良い感情だけがあるわけではない。あらゆるネガティブなものも心の奥にあることを認めよう。これからは他人が求めるものが、あなたが求めるものだと錯覚しないようにしよう。他人の視線と要求に合わせて生きなくても十分に幸せだし、もちろん、十分に幸せでなければいけない。欲望に対して夢を描く資格と権利があるのだから。

このように言葉にすることや真の自分と出会うことこそが、自身を愛する第一歩であり、自らが親友になることだ。つねに覚えておこう。自分の価値は自分で決めるのだ、ということを。だから、あなたがあなた自身のいちばんの親友になっても、恥ずかしくないばかりか、誇らしいのだということを。

7 結婚に対するささやかで淡々とした思い

愛していたし、結婚したいと思っていた、私の人生においておそらく最後の結婚チャンスだと思っていた人と別れたとき、例年より寒かった秋から翌年の春まで、ひどく体調を崩した。ちょうど四十歳を前にした年だった。すでに結婚をするには遅く、恋愛も簡単ではない年齢。絶対に結婚しないと心に決めていたわけではなかったので、彼との出会いは結婚に至る最後の縁だと感じていたのかもしれない。

彼のことが本当に好きだった。ともかく結果的には別れることになり、私はその年の晩秋、冬、そして翌年の春まで「明日《あした》の朝が来なければいいのに」と思いながら生きていた。振り返れば当時はつらかった。憂鬱、無気力、パニックが一気に押し寄せてきた時期だ。

いま思うと、失恋したことだけがかならずしも原因ではなかった。十年間続けてきた仕事を辞めて、計画にもなかった新たな世界に入ったことへの恐怖もあったかもしれない。

私にとって結婚とは何かを真剣に考えてみた。別れた恋人とは結婚には至らなかった。理由はいろいろだ。相手のことを愛していたし、私が特に気難しいわけでもなく、我が家が結婚相手を選ぶような家柄でもなかったのに。私が結婚相手に対して高い条件をつけたわけでもないし、ひどく頭が悪いわけでもなく、外見もふつうだし、これといって劣っている点もないし、社交性がないわけでもないのに、なぜ結婚できないのだろう。

あるときは、「私には何かが足りないんだ」と自分を責め、あるときは「神様が私に与えた十字架なんだ」と考えた。ときには、みなが言うように「私の理想が高すぎるのかな」とも思ったし、結婚している人たちの仲睦《なかむつ》まじい姿に涙を流すこともあった。

本当に結婚をしたかった。でもなぜ、そんなに結婚したかったのだろうか。もちろん当時はそれほど好きだったということもある。しかし、社会的慣習や確証バイアス【無意識に存在する思考の偏りを表す心理学用語。自分の思い込みや偏見などを正当化できる情報ばかりに関心が行ってしまうバイアス】といったものに囚《とら》われていないつもりでいたのに、いま思うと、じつはみごとに影響を受けていたようだ。

結婚をしないのなら、社会的に認められたキャリアウーマンにならないといけないような気がした。未婚でいるしかない理由を証明しないとならない気がした。社会的に大した仕事にも就けず、ろくに経済力もなく、日々何をするでもなく年を取っていくのに、結婚すらしないのであれば、人生の落伍《らくご》者《しゃ》になってしまうかもしれない。そんな不安がないわけではなかった。

結婚とは、少なくとも妻として、母として、人生の役割もこなさないといけないものだから。そうしたことをせずにひとりで老いていくのが本当に嫌だった。もちろんそうした気持ちを表すことはなかったが、私の失敗はそこにあった。結婚とは、包装紙のように私を飾り、証明する手段だと思っていたのだ。

韓国人と結婚して外国から移住してきた同僚の女性が、「うちの夫の職場に独身男性がたくさんいます。いい人がいるんですが、先生に紹介しましょうか」と声をかけてきた。

そのときわずかに戸惑った。移住してきたこの女性の夫は、ソウル市内でバスの運転手をしていた。

いま思うとあの戸惑いは、いつの間にか結婚というものを「私を証明する鎧《よろい》」だと思っていた私の自我に結びついていた。結婚をするということは、数多くの社会的関係を結ぶことであり、資本主義社会ではそういった関係を結ぶことが、自分を証明する手段の一つとなることは否定できない。そのため、互いに相手の条件を重視するしかない。当時は少なくとも大卒で、ホワイトカラーで、たとえ多く稼げる仕事ではなくても、職種を口にした時に誇らしい仕事でなければならないと思っていた。

さらに年を取れば、経済力はますます重要な基準になっていく。結婚した友人たちも私にこう言っていた。この年齢で結婚して夫の世話をする必要があるのか。いままでもひとりで幸せに暮らしてきたのだから、結婚したらいまよりも幸せに暮らさないといけない。だから、せめてソウルに保証金を入れるタイプの賃貸マンション【韓国には「チョンセ」という賃貸システムがあり、家賃が発生しない代わりに多額の保証金を預ける。購入価格の七割ほどにもなる】を一室ぐらい所有していないとだめだ――。

よく考えると結婚に条件を付けること自体が少々笑える。四十代を前にしてマンションの一室もない男性は、結婚しても妻に苦労させるに違いないなどという、性差別的な固定観念。そんな固定観念が、私にも、私の友人たちにもなかったわけではない。私もそれなりに一生懸命生きてきたが、ソウルに賃貸マンションの一室を手に入れるのは簡単ではなかった。そのため、いわゆる結婚マーケットに残った男女の比率を見ると、女性は上位層が残り、男性は下位層が残るというのだ。もちろん、人間を〈上位層〉、〈下位層〉という単語で分けるのがかなり不快ではあるけれど。

そのように私の結婚は、二十代前半の純粋に「人柄さえよければ」と言える時期を過ぎると、二十代後半、三十代前半、三十代後半と年齢が上がっていくにしたがって、悩みが深まり、相手の条件に厳しくならざるをえなくなった。二人が愛し合っているのは当たり前で、それ以外の経済状況、お互いの人生に対する理解や思いやり、社会的な条件など、ぴったり合わないといけない条件が多く、まるでパズルのピースを合わせるかのようになっていた。

だから、結婚は何もわからないうちに、さっさとしてしまうものだと、世間では言うのかもしれない。結婚に至りそうでいて、一度もできなかった私としては、これ以外の理由もあったような気がして、結婚が永遠の宿題のように感じられるのかもしれない。

しかし、結婚はもはや私の人生においては重要なイシューではない。ひとりで幸せに生きていけることを知り、未婚でいることは大した問題ではないと思えるようになったからだ。

最近はときどき、結婚をすべきか悩んでいる三十代半ば以降の女性たちに、カウンセラーとして、または普通にメンターのようにして会っている。ある人たちは、結婚しないことにしたと言い、ある人たちは今年中にしないといけないような危機感が押し寄せてくると言う。ある人たちは、この年齢になって結婚をするのに、本当にこの人でいいのかと悩んでしまう、と打ち明けてくる。

黙って聞いているが、かならずこう質問をすることにしている。

「あなたにとって結婚とは何？　どんな意味があるの？」

私はもともと何も答えず、ただその人が自分の思考の枠から離れて考えるのを手伝おうとしているため、そういう質問をするのだ。多くの人が結婚をしようかどうしようか、またはこの人と結婚をしても良いのか、とても悩む。しかし、じつは結婚そのものがもつ意味、自分が結婚から得られる意味については、さほど深く考えはしないようだ。

世の中、どんなことでも実際にその中に入ってみると、楽しいことややりたいことだけが待っているわけではない。反対に、不幸だけが待っていたり、やりたくないことばかりをやらされたりすることもない。

大切なのは意味だ。この人生に自ら意味を与えられるのであれば、決して幸せな瞬間ばかりでなくても、十分に我慢できるようになる。この人生から得られる意味を見出《みいだ》せず、意味も与えられずにいると、客観的には良い状況であっても、その人生には満足できなくなる。

結婚は人生の立ち位置を変えるパラダイムシフトではないだろうか。特に三十代後半ぐらいまでシングルでいた人たちが、結婚に移行することは、人生における大きなパラダイムシフトとなるだろう。

これをどう受け止めればよいのだろうか。

はたして私はこの移行を通して、人生にどのような意味を新たに見出すのだろうか。

何に期待し、何を失う準備ができているのだろうか。

どのようなチャンスが待っていて、どのような対価を支払うのだろうか。

どうすればこうした葛藤《かっとう》と戦い、コントロールできるのだろうか。

問うことは山のようにある。すべての質問に答えられなければ、意味のある結婚ができないというわけではないだろう。質問をするのは、人生のパラダイムシフトに対する状況的、現実的な条件や理由ではなく、心の奥底から響く自らの声に耳を傾けることであり、そうやって下した決定は、より賢明なものとなるだろうからだ。

他人からうらやましがられて生きるのは
かならずしも幸せな生き方ではない。
他人の生き方をうらやましがるばかりなのも
良い人生ではない。

つねに覚えておこう。
自分の価値は
自分で決めるのだ、ということを。
だから、あなたがあなた自身の
いちばんの親友になっても、
恥ずかしくないばかりか、
誇らしいことだということを。

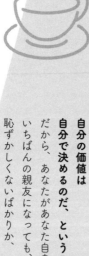

第3章

「ひとり」でいる私の時間の点検

1

起床して最初にすること

ある時期、『7つの習慣』（スティーブン・R・コヴィー）など、成功する人の習慣をあれこれと紹介し、あなたもこういう習慣を身につけようといった書籍が多く刊行され、講義も開催されていた。こうした内容は、いまでもかなり役に立つし、多くの人たちに関心をもたれるテーマでもある。

実際に、その習慣の中味を見ると、私たちが見たことも聞いたこともないようなものは、ほとんどない。むしろ幼いころから耳にタコができるほど聞いてきたことのほうが多いかもしれない。朝早く起きろ、毎日日記を書け、きちんと挨拶をしろ、など基本的なことばかりだ。まるで『人生に必要な知恵はすべて幼稚園の砂場で学んだ』（ロバート・フルガム著、河出書房新社）のようにとても簡単そうなことの数々。

しかし、罠《わな》はそこにある。とても容易そうに見えるが、毎日やれと言われたら、多くの人たちが上手くいかないのだ。『一万時間の法則』（イ・サンフン著、ウィズダムハウス、本邦未訳）という書籍の内容にもあるが、何か一つの習慣を身につけようとしたら、一万時間の努力をしなければならないそうだ。

一万時間とは！　つまり、どれだけ粘り強くできるかが重要だという話になるだろう。もちろん、これを法則のように人生のあらゆる面に当てはめるのは難しい。しかし、当てはめるべき面があるのは明らかだ。

シングルで生きる女性たちが重視し、習慣にすべきさまざまな人生の側面があると思う。ひとりで生きるということは、誰の干渉も受けず、誰の視線も気にすることなく自由を楽しめて、さまざまな選択に対して幅広いオプションをもてるという長所がある。

だが、いかなる場合も長所は短所になりうる。干渉されず、周りの目を気にせずに、好きなことができるので気楽だが、人は外部からの統制や、人目を気にする必要がないと、かぎりなく怠惰になったり、だらしなくなったりしやすい。だから、誰も見ていないときに出る行動が、本当の自分の行動だと言える。

誰も見ていない時間、あなただけの時間。そのなかでも朝の時間をどう過ごしているのか、見つめ直してみよう。

私はもともとは夜型人間で早朝に寝ることが多かった。明け方型人間、夜明けに目覚める人、朝型人間、こんな言葉が一時流行し、みなが実行しようと躍起になっていたときも、私はまったく動揺しなかった。とても長いあいだ、ほぼ三十代になるまで、私にとって午前零時は宵の口だったし、夜中の三時や四時ぐらいに寝ると、家を出るぎりぎりの時間まで寝ていた。それでも、遅刻はしなかった。起床後は、まったく何も考えず超スピードで身支度をして家を出た。幸か不幸か、出社時間は約十年近く九時三十分、通勤時間が三十分という職場だったので、八時ごろに起床しても間に合った。

考えてみれば、他の人たちがとっくに日課を始めている時間を過ぎてから、ようやく起き出していたのだ。それも、起きてから出勤するまで、軽く夢うつつの状態だった。

そうこうするうちに転職し、早朝五時に起きなければならなくなった。最初の半年ほどは、眠気と戦わねばならなかった。しかし、徐々に体が変わり、生活リズムに慣れると、明け方五時に目覚めてからの二、三時間が、頭がさえる時間だということに気がつきはじめた。本を読む時間、文章を書く時間が増えはじめた。ひとりで行う黙想は、ゆっくりと自分を振り返り、神と出会いながら、私の感情と人生をコントロールする時間になった。

運動をしに外出することはあまりなかったが、天気の良いときはたまに犬を連れて、明け方の散歩に出かけることもあった。そうした日には仕事のアイディアが新たに浮かんだ。長いあいだ勉強をしていたため、関連書籍はほとんどこの時間にすべて読み終えた。

そんなふうに一日のスタートを早い時間に切ると、以前のように午前零時を過ぎても起きていることはできなくなったが、そうかと言って早く寝るわけでもなかったので、一日の時間がとても長くなった。時間が長くなったということは、何かにもっと時間を使える余裕ができたという意味だ。

私が目にしている朝の風景を思い浮かべてみよう。その日のコンディションはその日の朝、何をするかによって大きく変わる。

明け方に起床後、朝食を準備し、子どもを起こして顔を洗わせ、食事をさせてから保育園に連れて行き、急いで出勤をしないといけない人たちもいる。ドラマでもよく見かけるようにそうした忙《せわ》しないワーキングマザーの生活と、ひとりで起床し、ひとりで準備し出勤さえすればよいシングルライフとでは歴然とした違いがあると思う。

ワーキングマザーたちに比べると、シングルたちはもっと時間があるだろうから、もっと多くのことをやれと追い立てているわけではない。ただ、シングルにはワーキングマザーよりも世話が大変で、手が掛かる家族がいることはないだろう。ひとりで集中できる時間が多いのに、その時間をどうやって使っているのか、見直さなければならないのはそのためだ。

ひとりで生きるということは、やりたいこととやりたくないことを、自由に選べる機会が多くあるということだ。つまり、自身が幸せに生きようとするならば、自身の決断や意思によって選択された多くの結果に責任を負うということだ。出勤一時間前に起きて水を一杯飲み、通勤電車や車の中で化粧もできる。

しかし、毎日それでは自分に対して無責任だと思うようになるだろう。最近の一週間、または一か月を振り返って、現在の起床時間から出勤前までの時間を一時間ごとに書き出してみよう。実際に書き出してみると、頭の中で想像していたのとは明らかに違う実態が見える。単に真面目に過ごしているのかを見るためではなく、新たな一日の幕開けとなる自分の人生に対して、どれほど敬意を払い、大切にしているのかを見るためだ。

起床から出勤までの一、二時間を、自分の心や健康のために使うのでもなく、ベッドから出るのが精一杯ではなかったか振り返ってみよう。鏡の中の自分にろくに声もかけずに家を飛び出したなら、自分自身にちょっと申し訳ない。少なくとも起床後一時間は、自分の心のために、自分の健康のために使ってあげるべきではないだろうか。

祈禱《きとう》でも瞑想《めいそう》でも、自分がいまどこに向かっているのか、心の状態はどうか、今日はどんな一日をすごすのか、静かに心と語り合ってみよう。散歩、ヨガ、ストレッチ、段々と硬くなっていく全身の筋肉を伸ばせるように、なにかスポーツをしよう。

毎日、心と身体をケアすること、これこそが私が私らしく堂々と生きるための第一歩であり、その第一歩は起床直後の時間から始まるということを覚えておこう。

2

退勤後、眠りにつく前にすること

退勤後に映画を観にいきたいのだが、午後のあいだ誰に電話をしたらいいか、ずっと考えていた。急に声をかけても会える友人が徐々に減っている。もともとひとりで映画も観るし、ショッピングやカフェにもよく行くほうだが、ひとりだと嫌なときもある。このときは誰かと一緒に映画を観たかった。

親しい友人に電話をすると、残業しないといけないと言う。他の友人に電話をすると、先約があるそうだ。そんなふうに二、三人の友人に連絡をしているうちに、何をしているんだろうと嫌気がさして映画は諦めた。そしてぶつぶつと独り言を言った。

こんなとき夫がいて一緒に行こうと誘ったら、すぐに行ってくれるのかな。結婚十年になる友人たちに訊いてみた。どうかな？　十人のうち九人が首を振った。

「子どもたちはどうするの？」

「思っているよりも恋人時代のような雰囲気になるのは難しいよ」

「子どもたちを連れて外食をすることになると思う」

「映画を観て、ショッピングをするなら、いくらまでの予算で、何をするのか、週末に計画を立てておいてからするものよ」

こういった返事が返ってきた。

何もせずに帰宅した。私を歓迎してくれる友である三匹の犬を連れて散歩をして、風呂《ふろ》に入れた。その後、夕飯にりんご一個、いちご、ナッツ一袋を食べ、コーヒー一杯を飲んでから、ソファにぐったりと座り込んだ。習慣的にテレビに電源を入れてリモコンでチャンネルを替えながら、その日はそのまま寝てしまった。夜が白みはじめたころに目が覚めてベッドにもぐり込み、スタンドの灯《あか》りを点《つ》けて枕元の本を取ったが、そのまま灯りを消して枕に頭を埋《うず》めた。朝早く起きなければいけないから。犬たちは、一匹は胸元で、もう一匹は足元で、別の一匹はベッドの端で寝ていた。

日常の多くがこんなふうだ。帰宅すると簡単に掃除や洗濯などを終え、犬たちと遊び、好きなドラマを観て、読書もしてからベッドに入る。ところがある日、こうやって過ごす時間がとてももったいないという思いが湧き上がった。

「帰宅後にケアすべきは自分と犬たちなのに、いったい何をしているんだろう？」

私はもともと、室内のインテリアや完璧な掃除、毎日献立が替わる食事といったものにまったく関心がなかった。職場から帰宅すると、一週間の半分以上が残業という職種でもないため時間がたくさんあるはずなのに、実際に帰宅して翌日出勤する時間までこれといってすることがない。なんとなく情けない気持ちになった。

そうかと言って、幼いころからひたすら努力をしたり、計画表をつくってそのとおりに実行したりするタイプでもなかった。地道に努力をすれば、努力しただけ結果が出ると素直に信じてもいなかった。一生懸命に生きていないわけではなかったけれど、死ぬほど努力して生きているわけでもなかった。

年齢を重ねてくると、突然誘ってでも付き合ってくれる友人を見つけるのが難しくなり、恋人をつくるのも難しくなり、ひとりでいる時間はますます増えた。日常はいつもと同じように繰り返される。ひとりで家のドアを開けると自分が負け犬になった気がしはじめたころ、博士課程に進学した。もちろん博士課程への進学理由はそれだけではなかったが、退勤後に何かすべきことが必要だというのも大きな理由だった。

いまさら勤めながら学校に通い、博士課程の勉強をするのは楽ではなかった。朝五時に起床して一日の日課をすべて終えて帰宅すると、軽く夕食を済ましてきちんと机に向かった。好きだったドラマも観ずに、犬の散歩も一日おきにして、本を読んでは文章を書くことを繰り返した。

リズムができてからは、毎晩書いていた日記も再開した。簡単なメモ程度の日記であっても、一日も欠かさず書こうと努力した。ずっと続けてきたひとりだけのお祈りの時間を以前よりもしっかりともつようにした。一人暮らしの大きくもない家をパーティションで区切って小さな空間をつくり、ろうそくを灯《とも》して音楽を流し、少しの時間でも座って祈りを捧げた。祈りは、つねに自身を振り返り、希望の存在を確認し、私がひとりでなく、たとえひとりであっても幸せに生きていけることを理解し、感じ取り、心に受け止める大切な時間だ。

こうやって私の退勤後の日常が、二十代の大学時代と異なり、また三十代に社会人生活を始めたときとも異なるリズムで定着していっていることに満足していた。

まれに予定していなかった友人に会うときもあるし、帰宅後に映画を二つ以上続けて観るときもあった。学科の勉強とまったく関係がない『アンナ・カレーニナ』のような古典小説を夜通し読むこともあった。

あらゆることをルーチン化して行動する完璧主義者とは正反対の人間だ。むしろ、ゾルバのように毎日心の向くままに、ごく最低限のルーチンだけで行動するのが楽な人間だ。なんらかの計画に従って日程を組むのは、あまり好きではなかった。退勤後に何か規則的に行ってみようと決めたのは、自分に対して怠惰にならないため、自分に何か意味を与えるためだったのかもしれない。

カウンセリングをすると、中学生ぐらいの子どもがいる母親や、私よりも年上で、大学生ぐらいの子どもがいる母親に会うことがある。彼女たちの年代は専業主婦のほうが多く、子どもにすべてを賭けた世代なので、子育てと子どもの幸せが人生の成果だと思ってきた。

ところが子どもたちが成長して手がかからなくなると、何のために生きてきたのかわからない、と言うようになる。子どもたちが帰宅しない夕食時間を、どう過ごしたらいいかわからなくなり、うろたえる。よく耳にする悩みの数々で、憂鬱を胸に抱えて訪ねてくる人たちが多い。

そうしたクライアントに会うたびに感じる。結婚していても、結婚をしていなくても、自分のための時間をもつ練習をしていなかった中年以降の人生の哀しみを。

三十代は、いわゆる社会人生活が充実してくる年齢だ。職場でも徐々に役職に就いていく。何度か考えが変わることがあるものの、結婚せずにこのまま生きるのも悪くないと思いはじめる。自信も高まり、職場は間違いなく自分を必要としているようだ。職場やサークル、人間関係に精を出すようになる。

そして退勤後の時間は、「休息」という名の下に、指一本動かしたくないほど疲れた体がソファと合体する、そんな生活を数多く見てきた。「良い」「悪い」を言っているのではない。みな自分なりの人生があるからだ。

ところが、年齢を重ねるにつれて、自分がどうしても手に入れたかったポジションに後輩が就き、以前はわいわいと一緒に騒いでいた友人たちがスイートホームに帰るのを目にするようになる。家で自分を待っているのは、しんとした静寂だけだという瞬間が、ひんぱんに訪れるようになる。そんなとき、私は何をするだろうか。

退勤後の行動を記すリストが必要なのは、こういう理由だ。起床後の行動リストをつくるのと似ているが少し違う点がある。起床後の行動リストをつくることが、日々を過ごす自分への指針であり礼儀であるならば、退勤後のリストをつくることは、自分をケアすることであり未来に対する投資でもある。

リストを作成し記入しはじめると、日常が具体的に見えてくるし、何が無駄になっていて、何が足りないのかがわかってくる。無駄を減らし、不足を補うことが必要だ。おおげさなことでなくても、目に見える結果が得られなくても大丈夫。ただ、何によって日々が埋まっているのかを見はじめることで、初めてケアが始まる。日課の中身を足したり引いたりしていくことで、自己投資が始まるのだ。

シングルとして生きるということは、そうやって自分をケアし、投資をするのに、エネルギーと時間を多めに使えることだと思える。自らに忠実にケアしながら、有意義に過ごせる時間で日々を埋めていくこと。誰にとっても大切な日常だが、これからの人生をひとりで過ごす人たちにとっては、より大切な日常になるだろうから。

3 優雅な中流階級になる

尊敬する人物のひとりに故・魯会燦《ノ・フエチャン》議員がいる。彼の気さくな印象や独特な話し方が本当に好きだった。彼は全国民が楽器の一つぐらいを演奏できる国になることを夢見ている、と言っていた。彼が残した言葉の中で、この言葉がいちばん好きだ。こうした夢を描ける政治家がどれほどいるだろうか。政治家のみならず、平凡な生活を送る私たちの中にもいったい何人いるだろうか。

一時期、中流の基準という記事が数多く書かれた。外国と比較した内容だ。

米国における中流の条件は、まず自己の主張が明確で、二番目に社会的弱者を助けねばならず、三番目に不正や不法に抗《あらが》うこと、四番目に定期購読している批評誌があることだ。

英国はどうだろう。フェアプレイで、自己の主張と信念があり、独善的な行動を慎み、弱者の側に立ち、強者に立ち向かい、不義・不平等・不法に毅然《きぜん》とした態度を取ることを意味する。

フランスでは、最低一つは外国語ができて、自ら楽しむスポーツがあり、楽器が弾けて、他の人とは違う料理をつくれて、公憤のために毅然とデモに参加し、弱者を助けて、たゆまず奉仕活動を行わなければならないそうだ。

李氏《りし》朝鮮時代の中流層の基準もある。まず、部屋が二つ、三つある家に、田畑二、三畝《せ》があり、冬用の綿入れと夏用の麻の服がそれぞれ二、三着あり、二番目には、棚一つ分の書籍、玄琴《コムンゴ》を一面、陽が射し込む床が一つ、茶を煎《せん》じる火鉢一つ、老いた体を支える杖《つえ》が一本、春の風景を訪ねて回る驢馬《ろば》が一頭、三番目に義理を守り、道義に反さず、国難に際して正しいことを言うことだ。

すてきだ！　それでは、今日の大韓民国の中流層の基準はどうだろうか。第一に、三十坪以上のマンションを保有していて、二番目には年俸が少なくとも六千万ウォン（約六百万円、二〇二四年四月時点）以上あること、三番目に自動車は二〇〇〇cc級以上の中型車を所有していること、四番目は預金残高が一億ウォン以上あることだ。すてきではない。

どんな違いが感じられるだろうか。私がシングルで生きると決心したならば、いや、決心はしていないけれど、とにかくシングルで生きていて、これからもそう生きていくだろうと思ったならば、どんな姿で生きていきたいだろうか。

私も中流層として生きたい。テレビに登場するブランド服を日ごと着替えて、完璧にフルメイクをして、三十代半ばでチーム長以上に出世して、退勤後には夜景が楽しめるすてきなレストランで食事をし、セキュリティが徹底していてオプション機能が揃ったオフィステル【立地の良い高層ビルで、管理人が常駐し、商業施設が隣接またはビル内にあるマンション】に帰宅する生活？　そんな人生を楽しめる人は、ドラマにしか存在しないということが、私たちの年齢になればすでにわかっている。

では、どんな人生を夢見るのだろうか。中流層と言ったときにあなたがひとりで暮らす生活から思い描く姿はどのようなものだろうか。魯会燦議員が語ったように全国民が楽器の一つぐらいを演奏できる生活をすること。私にはそれが中流層の生活のように映る。フランスや英国、ましてや李氏朝鮮時代でさえ中流層の生活というものを、経済力だけで評価することはなかった。どのような態度で、何を楽しみながら生きるのか、が中流層かどうかを判断する基準だった。今日の大韓民国だけが経済力でのみ中流層かを評価している。

二〇一〇年代以降に会社に勤めはじめた私たちにとっては、ひとりで貯金をして中流層の基準に達するのはかなり厳しいことがわかっている。そのため、その基準を目指そうとすると、自分の人生が惨めでつまらないもののように見え、なんとなく失敗したように感じられるのだ。

月並みな言葉だが、目に見えるものがすべてではない。中流層の枠に入るためにあくせくと過ごし、ひたすら忙しなく働く人生を送らずにすめばと思う。代わりに、自身の内面を満たす、「あぁ、自分の人生を生きているんだ」と満足できるものを見つけ、築いていければ幸せだ。

『The Big Issue（ビッグイシュー）』というホームレスの人たちの自立を支援する雑誌があり、これによって多数のホームレスが路上を離れて新たな人生を歩みはじめるようになった。二〇一〇年に韓国でも創刊された『The Big Issue Korea（ビッグイシュー・コリア）』によると、ソウルバレエシアター団長がホームレスの人たちにバレエを教えたところ、受講生たちの性格が明るくなり、けんか腰だった話し方が優しい口調に変わり、前かがみだった姿勢が堂々として、続々と希望を手に入れた人たちが誕生したという。

そうだ。内面を満たすのはまさに文化芸術の力だ。シングルで生きる多くの女性たちにもっと文化芸術に目覚めてもらい、積極的に自分のために投資をしてほしいと思う。

文化芸術を享受するということは、お金がたくさんあるからでも、時間がたくさんあるからでもなく、自分に対する愛情が豊かだからこそ可能なことだ。本を読み、音楽を聴き、絵画を鑑賞し、ミュージカルや演劇を観て、映画を楽しみ、文章を書き、楽器を演奏し、絵を描く経験が、人生をどれほど豊かにしてくれるのかわからない。

知り合いの先輩がかなりのあいだ、鬱病で苦しんでいた。四十代半ば、人生の楽しみがまったくなく、砂を嚙《か》むような日々が続いていたため、カウンセリングを受けはじめた。

カウンセリングの先生に何をしてみたいか、と訊かれた先輩は、歌のリサイタルを開いてみたいと答えた。カウンセリングの先生曰《いわ》く、「だったら、やりなさいよ。リサイタルを開きなさい。大したことないし、やったらいいわよ」。クールな返事だった。

先輩はすぐにその日から歌を習いはじめた。熱心に歌を習って、一年が過ぎたある日、小さなリサイタルホールを安く借りた。大学路《テハンノ》【ソウル・鐘路区にある地域で、小劇場が多数ある学生街であり芸術の街】にあるごく小さな劇場。そして知人たちに招待状を送り、個人ＳＮＳにもアップして、人々を招待して、本当のリサイタルを行った。ひとりで歌も歌い、後輩たちとも歌い、私はそこで、なんと！　詩を朗読した。お気に入りの何編かの詩を。

先輩の鬱病は、いったいいつ鬱病を患っていたのかと思うほど完治した。いま、先輩はチェロを習っている。幼いころ、すごくやってみたかったけれど、楽器が大きくて高価で、口に出すことすらできず、ずっと憧れの気持ちを抱いてきたチェロを、五十歳になったいま習っている。とても幸せそうで、近々チェロの公演もするつもりだそうだ。そのときも会場に来て、詩を朗読するように言われた。もしくは、オーディオブックのように短編小説を直接書いてきて読んでほしい、とも。どうしようか悩んでいる。

これが中流層の生き方のようだ。だからと言って、先輩は大金を稼いでいるわけでも、時間が有り余っているわけでもない。ただ自分の人生の一部を楽しんでいるのだ。先輩は過去のどの瞬間よりも輝いていて綺麗《きれい》だ。

中年に向かっていく女性から生まれる輝きは、外見の輝きではない。四六時中、整形手術、ボトックス、皮膚科の施術に忙しく、一日中鏡ばかり覗《のぞ》き込んでは皮膚のたるみを嘆く女性に、文化芸術を享受しながら自分の人生を美で満たしていく女性が放つオーラと輝きが、あるわけがないのだ。比較にならない。

男性女性ともに異性にもっとも好感を抱く瞬間の一位は、「会話をしていて心が通うとき」だそうだ。社会問題について、政治について、最近読んだ小説の主人公について、心置きなく話し合える人がどれほど凛《りん》としてすてきなことか！

特に読書をおろそかにしてはいけない、と何度も重ねて強調したい。読書は脳の旅行だ。一万五千ウォンから二万ウォンの投資で、一冊の本に蓄えられた他人の人生とノウハウを得られるのはとてもお得だ。できれば、YouTubeで視聴する講義よりも、直接最初から最後まで自分でページをめくって、本を読むことを勧めたい。他人が分析したものを聴いて本を理解するのではなく、自分の頭で考え、自分の心で聞くメッセージだからこそ、自分のものになるのだ。

一人暮らしはどうだろう。私は男性がいなくても本を読み、ギターを弾き、コンサートを楽しめる。そうやって過ごしているうちに、読書のある暮らしこそが中流層の生活となり、楽しめるようになってくる。

遅ればせながら、私も一生懸命にギターを習っている。音楽には縁がなく生きてきたが、未練はずっとあった。ピアノはどうにも難しそうに見えるが、ギターは努力すれば弾けるのではないかという期待を抱いていていて頑張って習っている。私も先輩のように会場を借りて、ギターのリサイタルを開く夢を見ながら。夢は見るためにあるのだから。私はそんなふうにすてきな中流層のシングルとして年を重ねていきたい。

4 ひとりの特別な時間を楽しむ

週末の朝、遅い時間に目が覚めた。お昼にはなっていないものの、朝というにはかなり時間が過ぎていた。寝室から歩いて出ると、三匹の犬が一緒にちょこちょこと走って付いてきた。リビングの窓を開け、日差しが射し込むのをしばらく立ったまま眺めていた。

昨日、帰宅途中に家の近くのカフェで購入したコーヒー豆を取り出す。ちょっと値が張ったが、町の入り口にある小さなカフェで手焙煎《ばいせん》して売っているエチオピアコーヒーの豆がとてもおいしいのだ。コーヒー豆を手で挽《ひ》いて、ハンドドリップでコーヒーを淹《い》れる。

一杯のコーヒーと一切れのりんごを持ってソファに座った。

オーディオのリモコンを押すと、昨日聴いていた音楽が流れだす。スマホを取り出したが、画面が真っ黒だ。電源を押しても点灯せず、もともとボタンが多くはないスマホだが、いくらトントン叩いても、ボタンを押しても明かりが点かなかった。故障したみたいだ。一瞬、慌てた。どうしよう？　サポートセンターに行かないとだめだろうか。

でも、行く気がしなかった。久しぶりに家でごろごろできる時間をもっと楽しみたかったし、スマホを見ない日をもとうとしていたところだったので、朝から強制的に「今日はスマホなし」を決め込んだ。もちろん、週末と日曜日は私がいちばん忙しく、連絡を数多く取り合う日だ。しかし、その日やるべきことはほとんど終わっていたし、日曜日は教会に行って直接みんなに会えばよいので、一日ぐらいスマホがなくてもなんてことはない、とそのまま家にいることにした。

スマホを見ないので、手に何を持って歩き回ってもよかった。午前はゆったりとしたストライプ柄のTシャツにルームパンツでソファに横たわり、選んでおいた小説を一冊読み終えた。遅めのランチを食べてから、犬たちを連れて町内の公園に散歩に行った。犬三匹を連れていく散歩はやはり大変だ。これでは犬たちの運動ではなく、私の運動だ。帰宅して犬たちの体を洗い、乾かしてから、少し昼寝をした。この日は締め切りや片付けなければばならない仕事もなかった。

夕食後には翌週の講義の準備をして、パソコンでもメッセンジャー・アプリのカカオトークにログインすることはなかった。そんなふうにスマホなしで一日を上手く過ごした。翌日もスマホを置いたまま過ごし、月曜日に修理をしてからカカオトークを確認すると、おびただしい数のメッセージや不在着信があったが、週末にどうしても対応しなければいけないものではなかった。それほど急ぎの内容であれば、どんな手段をつかってでも連絡をして来たことだろう。

それからは意図的にスマホのない日をつくった。私の仕事には二十四時間、支援する人たちがいて、彼らが私の助けが必要なときに連絡が取れなければならない。そのためスマホなしで二十四時間を過ごすのが少々不安でもある。

それでも、私は自分に時間を与えるため一、二か月に一度は一日中スマホのない生活を送ることにしている。テレビも点けず、可能ならばパソコンも起動しない。あるときは本も音楽もなしに、晴れていれば散歩などをして一日を過ごすことがある。一人暮らしだからできることだ。最初は惨めに思えたり退屈だったりしたが、慣れるとそうした時間をもてることがありがたく、大切に思えてきた。

実際に仕事にばかり没頭していると、どうしても時間を捻出《ねんしゅつ》できないときがある。そうかと思えば、一日中家にいて寝だめをしたり、掃除をしたりするときもある。

　しかし、意図的に空けた日は本当に何もしない。掃除も寝だめもしない。ときには、車が渋滞しない時間帯に東海《トンヘ》【日本海の韓国名。ビーチリゾート以外にも観光地が多く、若者に人気のあるカフェも多い】までドライブをしてくることもある。文字どおり、この世でたったひとりになる時間を楽しむのだ。

　一人暮らしなのに、なんでひとりの時間をわざわざつくる必要があるのか、と思うかもしれない。ひとりの時間を過ごすということは、日常におけるさまざまな縁や人間関係、ノイズ、次々と湧き上がってくる感情や考えから、少し距離を置くことだ。人生を生きる筋肉を付けるのだ。

　そんなふうに周囲から距離を置く時間は、自分に集中できる。反省や省察の時間をもつためでも、新しい目標を立てるためでもない。私たちは、すべきこと、していることを、何か目標に近づくための手段にする傾向があるようだ。一人で過ごす日をもてば、ゆっくりと休息をとるために、または、間違ったことを反省し、新しいことを計画して目標を立てるために使おうとする。

　しかし、そうではない。人生のあらゆる瞬間が反省や目標や実行に結びついている必要はない。ただ、その日を自分のためにだけ使うことが必要なだけだ。

　一人暮らしをしていると、友人をたくさんつくれと言われるし、集まりにも多く参加しないといけないし、人々との結びつきも途絶えないようにしないといけないような気がする。もちろん、そうしたことは大切だ。私たちは人間関係のなかで生きる存在だからだ。だからといって、つねにたくさんの人に囲まれていなければいけないということではない。シングルとして生きていても、そうでなくても、心理的に自分ひとりになれる空間が必要だ。

忙しすぎる現代社会では、何もせず、誰にも会わず、SNSに自分を露出させずにいると忘れられてしまうのではないかと心配になりがちだ。人々に忘れ去られたくないばかりに、本来の自分を見失って生きているのかもしれない。一人暮らしをしていても、世間から断絶された一人の時間をもつことに、何か特別で大げさな理由をつける必要もない。自分のコンディションを確かめ、心が語る声に耳を傾け、慰める時間が必要だからだ。

いま、散歩をしながら土を踏みしめている瞬間はどんな気持ちなのか、リビングルームに射し込む陽の光に映し出された影を見ながら、いま私はどんな気分なのだろうか。犬とじっと見つめ合うときの私は嬉しいのか、本棚の上の埃《ほこり》が積もったままになっている本を手にするとき、どんな言葉を口にしたいのか、コーヒー豆を挽いたときに漂う香りに幸せを感じたのは、いつのことだったのか。そんなことを自問する時間だ。

集中して自分だけに向き合う時間をもつのにも練習が必要だ。適度に日常から離れた心理的空間では、いつもより深く息を吸い込み、自由に振る舞えるからだ。

シングルとして生活し、老いていくのは、物理的にひとりの時間が少しずつ増えていくという意味でもある。その時間のなかで自分を満たす練習は、いまからやっておいたほうがよい。そうやって充足感や余裕がいつの間にか生まれることで、焦らなくなり、ひとりでいることに対して満足感が得られるようになる。

ひとりで幸せに生きるとは、自分自身と上手く向き合えるということだ。まばゆいほどに、とまではいかなくても、輝くようなシングルライフを過ごすために、ひとりの時間を充分に楽しめる人になれますように。

5 祈り、瞑想をする

ある年、ひとりで祈禱院に行ったことがある。十日間、ひたすら沈黙を守り、すべきことを行いながら、毎日五回の祈りを捧げ、朝夕に礼拝をするのが日課だった。沈黙を守るのはさほど難しいことではなかった。本当に貴重な時間で、聖書にあるように「蜜よりも、蜜蜂の巣のしたたりよりも甘い」時間だった。

十日間完全に沈黙を守りながらひとり過ごす部屋で、聖書以外の本は一切読まず、ひたすら神の前で祈るのは、信仰生活を送る人間にとっては大きな祝福の時間だ。祈禱院で過ごした時間についてのエピソードはたくさんあるが、いまでもはっきりと覚えているのは、最終日の朝のことだ。

初秋の九月、感動的な時間を送ってきた祈禱院での最後の朝、石段に腰を下ろして小さな花壇を眺めていた。息をのむほど美しい日差しが射し込む花壇には、名もない白と赤の小さな花がそっと頭を出していた。褐色を帯びた花壇の土は前夜の雨にしっとりと濡《ぬ》れている。小さな花のまわりにはとても小さな蟻が列をつくって行進していた。あたりに散らばった滑らかな石という石を越えていく姿は、よいしょ、よいしょ、と掛け声をかけているようだ。

風は紫がかっている。私がいちばん好きな幻想的な紫は、まるでその瞬間がこの世の時間ではないかのように、私を包み込んだ。手を伸ばして日差しをつかもうとすると涙がほろりと落ちた。あぁ、この世がこれほど静寂で美しいものであろうとは。

もちろん十日間捧げた祈りの内容と、祈りをとおして得られた神からの答えや感動が、その朝の場面の記憶をいっそう美しいものにしたのかもしれない。今までの人生でもっとも静まり返っていた時間が、もっとも豊かな時間だった。小さなありふれた花壇脇の石段に座っていた一時間ほどの場面が、まるで写真のように心に焼き付いている。

その後も、つらいとき、安全な場所が必要なとき、安らぎを感じたいとき、あの場所に戻ることがある。人は誰もが神と静かに向かい合い、自身の内面を見つめる時間が必要だ。私にとって、神はそこに存在する。

これはクリスチャンだけではなく、神に出会っていない人たちにもかならず必要なことだ。忙しいという言葉をいつも勲章のように付けて暮らし、忙しくないとまるで現代社会で後れを取ったような気がして、なんとなく気持ちが焦る。多忙な時間を上手く仕切って使いこなせなければ、洗練した現代人ではないかのようだ。

時間を細切れにして、計画で埋めていく。間違ってはいないし、悪いことではない。大切なことはその忙しさがどこに、何に向かっているのかだ。日々の忙しさのなかで、私は何を見つめていて、どこに向かっていて、何にもっと集中すべきか、すこしは放っておいても大丈夫なものは何か、区別するのが大切だ。痛みを覚える傷があり、小さなことにすぐに傷つく心を、どうやってケアすべきなのだろうか。毎日毎日どうやって見つめていけばいいのだろうか。

自分を見つめる時間が必要だ。どのように人間関係を結び、どういった言葉をすぐ口にするのかよく見よう。心の奥深くにある思いを打ち明ける相手がいないとき、私は誰に心の内を見せるべきなのか、わかっていなければいけない。

私はなぜすぐに怒るのか、なぜ心が折れやすいのに平気なふりをして、大丈夫なふりをして、いいところを見せようとするのか、観察しなければいけない。そうやって自分と向き合って見つめる時間が必要だ。

自分の内なる世界のために、積極的に許す時間。一日のうち朝でも夜でも、短くても一定の時間が、あるいは一年のうちに一定の期間が必要だ。自動車もオイルが古くなれば交換するし、どんなリモコンも電池が古くなったらさっさと交換をする。自ら動くかのように見える機械だが、作動させるには電源や電池、オイルなどが必要だ。

人間も同じだ。健康な体であろうとしたら栄養をきちんと摂《と》り、日光浴をして、適切な運動をしなければいけない。これが目に見えるエネルギー源だとすれば、人間関係や自分をケアする内面の力は見えないエネルギーだ。この二つのエネルギーが合わさってこそ人間という有機体はきちんと健康に動けるのだ。

自分の心と出会おう。内面の深いところから聞こえてくる声に耳を傾けて反応しても、聞き流すことも必要だし、温かく抱きしめることも必要だ。

最近はカウンセリングでも瞑想の効果を高く認めている。一日に十五分、三十分、一時間でも決められた時間にきちんと自分と過ごす時間をもち、それによって内面のエネルギーを得ることが心を丈夫にする近道だ。

瞑想についてさまざまな方法が紹介されている。大事な部分は一つだ。思考から解放されることだ。思考イコール私ではなく、感情イコール私でもなく、行動も私というわけではない。思考、感情、行動は三角形のように結ばれていて、どこか具合が悪い人は、この三角形の一つがおかしくなっているのだ。さらに、三角形のうち一つが断たれると、三つともおかしくなり、循環しなくなる。そうした意味で、瞑想は思考と感情にかかわる部分だ。

瞑想する方法は簡単だ。一日のうちいつでもいいので、自分が楽な時間、落ち着いて過ごせる場所で行おう。いつも同じ場所がよいので、出来れば自宅がよいだろう。特に難しいことはない。静かな場所がよいのでベッドやソファもよいが、身体がひどく疲れていると簡単に眠りに落ちてしまうので、そういうときは椅子に座るのもよい。

場所を決めたら、最初は約十五分間、呼吸に合わせて一つの単語を五秒から十秒間隔で繰り返し口にする。平和、愛、自由、温《ぬく》もりなど、気の向くままに気に入った言葉を選ぼう。五秒から十秒ほどで息を吸い込むときに平和、また五秒から十秒ほどで息を吐くときに平和と言い、できれば腹式呼吸をしながら吸って吐いてを繰り返せば効果的だ。つまり、雑念を払い自分で選んだ単語に集中するのだ。

徐々に慣れていくと、あえて単語を口にしなくとも、時間を延ばしていっても楽に瞑想できるようになる。これも一種の訓練なので、ゆっくりと着実に行っていこう。最初は何がなんだかわからず、普段よりも雑念が浮かんでくると文句を言うかもしれないが、何事もすぐには上手くいかないので、粘り強く実行しよう。

ひとりで生きていくということは、結婚生活とは違う人生の筋肉を付けることだ。自由で身軽な面もある代わりに寂しく、ひとりで責任を負わなければいけない人生の重さがある。ひとりで生きる人生に対するがっちりとした筋肉を付けていかないと、年を取れば取るほど、もっと寂しくなったり、無意味だとか、むなしいとか言ったりするようになる。

人生の筋肉は、自分と向き合い、内面を深く見つめることで大きくなっていくのを理解しよう。練習をしていき、いつの間にか自分のものとして身につけば、私たちはもっと自由で軽やかで、安定感もある、周囲に振り回されない自分だけの人生を享受できるようになることだろう。

6 ボランティア活動を趣味のようにこなす

自己紹介をするように言われると、人々はふつう家族について話し出す。結婚何年目、子どもが一人いる母親です、といった感じで。そこで、いつごろからか、私も自己紹介で家族について話すときには、一緒に暮らしている子たちについて話すことにしている。子たちとは？　お察しのとおり、かわいがっている動物のことだ。私は犬を飼っている。「現在プードゥリ、トロン、ポリの母親として暮らしていて……」から話しはじめる。

幼いころから犬が好きだ。幼少時の家には庭があり、犬種は思い出せないけれど大きな犬を飼っていた。私は動物が特別好きでもなく、植物を育てる趣味もなかった。そのため動物園もあまり好きではなかった。基本的に私の手を焼かせるものが好きではないし、面倒を見ないといけないものもあまり好きではない。

でも、幼いころから犬は好きだった。小学校のとき、我が家にいた大きな犬を、おそらく近所で飼っていた黄狗《ヌロンイ》【黄みがかった毛色の土着の犬で主に食用として飼育されている】の雑種だったようだが、その犬を座らせて『フランダースの犬』を読んで聞かせたことが思い出される。犬が脇に座って目をぱちくりさせながら、静かに聴いていてくれていたのを覚えている。

それほど仲良く過ごしていた犬が誤って何かを食べてしまい、虹の橋を渡ってしまったのだ。その当時は犬を病院に連れていくことはなかった。長く患う犬をひたすらつらい気持ちで眺めるしかなかった。

大人になり、独立して、友人とも同居しなくなった最初の年、私が最初にしたのは子犬を飼い始めることだった。狭苦しい家に賃貸で暮らしながら、何も考えずにぱっと子犬を引き取った。

最初に連れてきた犬の名前は「ポラ」で、犬種はシーズーだ。ペットショップや知人の家からではなく、遺棄された犬たちの保護センターからもらってきた犬だ。重さ三キロにもならない、とても痩《や》せて弱そうな子だったが、目が本当にかわいかった。愛情と手間をかけて世話をした結果、少し肉も付き表情も優しくなり、美貌《びぼう》が自慢のシーズーになった。まわりの人たちからコンテストに出ろと言われるほどだった。また、この子はじつにおとなしかった。こんな子なら十四でも育てられると思ったぐらいに。

そこで、保護犬をもう一匹もらってきた。ミックス犬で、明らかにシーズーと別の犬種が交じって生まれた子だったが、とてもかわいくて、活発だが言うことをよく聞く子だった。この子たちと約十二年を共に過ごした。

私が泣けば横に来て涙を舐《な》めてくれて、夜遅くひとりで帰宅するといつも玄関で跳びはねて迎えてくれた。一日中きつい仕事をして帰宅したときも、ベッドの上で大騒ぎをして遊んでくれた子たち。この二匹を順番に涙で見送り、いまは別の三匹と一緒に暮らしている。この子たちも保護犬だ。

私が子どもを産んで育てることがなくても、この世に生まれ落ちた不思議な生命を養い、育てる気持ちで、犬たちを飼育していると言うことがある。本当に私にとってはこの犬たちが私の子ども、家族になっている。

私が保護犬を連れてくるたびに、なんで保護犬なんて引き取るんだと言われる。どんな習慣が身についているかわからないし、病気をもっているかもしれないし、もう成犬になっているから子犬のかわいさも見られないじゃないか、と。どっちみち死ぬまで育てるのだったら、子犬を引き取れと。

初めて保護犬を引き取ったのは友人の勧めだった。保護犬を育てていた友人が、どうせなら、放っておけば死ぬかもしれないし、死ぬまで人間の手の温もりを求める子たちを飼ったらどうか、と言われたからだ。

私設の保護犬センターだったが、ちゃんと運営されていて清潔な場所だった。最初に行った日、センターで人間に向かって寂しそうな眼差しを見せていた犬たちの瞳《ひとみ》が忘れられない。私があの場所に行ってできることは、犬たちを散歩させ、体を洗ってやり、犬舎を掃除し、ちょっとのあいだ遊んでやることだ。簡単なことではないけれど、ときどきそんなふうに過ごす時間は幸せだ。

仕事柄、週末がいちばん忙しく、休める日もそれほど多くないので、頻繁に行けるわけではない。それでも体を動かして、命のために自分が果たせる役割があるというのは、とても満ち足りた気持ちになれる経験だ。

いまでも時間ができたときは直接訪ねていくし、少ない金額だが支援金を送ることもあり、世界中の犬たちが捨てられることなく幸せになれれば、という希望をもっている。

一人暮らしだからと言って、時間に特別余裕があるわけではない。平日には職場で働かなければならないし、夕方になれば体は鉛のように重い。休日は集まりもあるし、休息も必要だし、自己啓発のために時間も投資する。手がかかる幼い子を育てているワーキングマザーに比べれば、自分のために使える時間が多いだろうけれど、あくまでも比較した場合の話だ。何かのために思い立って時間を使うのは、たんに時間が余って、余裕があるのとは違う。

現代人の生活は自分ひとりの面倒を見るのさえ大変だというが、本当にそうだ。それでも自分以外の命の面倒を見ることは自分の面倒を見ることでもある。ひとりで過ごしていると、だんだんと「私はひとりだから、自分の身の回りのことをしっかりやらないといけない」という気になり、〈私〉という人生の半径内だけに埋もれてしまいやすい。それでなくても、ひとりで年を取っていくと、人生の半径が狭くなるが、あらゆることが自分にだけ向けられていると、健全な独立ではなく孤立することもありえる。

さあ、思い浮かべてみよう。あなたが面倒を見られる、あるいは気にかけて、時間を使って手を差し伸《の》べられるものがあるかどうか。飼い犬、飼い猫でもいいし、植物を育てるのもいい。助けの手を差し伸べられるものはあらゆるところにある。

職場で行う社会奉仕から、自ら参加して行うボランティアまで、やろうと思えば関心が湧き、気に入ることがいくらでも見つかる。義務的に時間を使って団体で行う奉仕ではなく、愛情を注ぐことで思いやりが好循環し、良い影響をもらい、人生を豊かにしてくれる何かが絶対にある。それを見つけて直接やってみると、思ったよりも楽しく、心が豊かになる。保護犬や保護猫に出会うことがあれば、家族を得ることにもなる。

私たちが生活するなかで、知らないからできないことは、さほど多くないかもしれない。それまで思い立ったり関心をもったりしなかっただけか、自分をケアするという言葉を自分のために時間を投資することだと誤解しているせいで、自分が手を差し伸べられる対象や場所を見つけられずにいるのかもしれない。

誰か、あるいは何かのために時間をつくり、思いを尽くして面倒を見るというのは、自分の世話をする生活の延長線にある。私たち全員がそんなふうに結びついている存在だと信じている。そうした思いやりの優しい輪によって、私が最終的にシングルだったとしても、家族の形態としてシングルなだけで、世の中でひとりぼっちだと感じずにいられると信じている。

ひとりで生きるということは、
やりたいこととやりたくないことを、
自由に選べる機会が多くあるということだ。
つまり、幸せに生きようとするならば、
自身の決断や意思によって選択された多くの結果に
責任を負うということだ。

起床後の行動リストをつくることが
日々を過ごす自分への
指針であり礼儀であるならば、
退勤後のリストをつくることは
自分をケアすることであり
未来に対する投資でもある。

第4章

ひとりでいるから？二人でも同じ

1 二人でもひとりでも人間は寂しいもの

二〇一八年十二月にテレビで「SBSスペシャル　結婚はお断り」というプログラムが放送されたことがある。子どもが孤独死しないか心配になった親たちが、子どもを結婚させようとする話をあるがままに伝えていた。結婚をする理由が孤独死をしないためというのは、あまりにお粗末に思える。

この社会で年配者たちがよく口にする小言（？）の三大レパートリーがあるそうだ。一つ目は、「一生寂しく暮らすつもり？」、二つ目は「年がいってから後悔するから」、三つ目は「そんなふうにしていてひとりで死んだらどうするの？」らしい。

いろいろな意味に理解できると思うけれど、結局ひとりでは生きていけない、誰かがそばにいなければいけない、という意味だ。もちろん人間はひとりでは生きていけない存在だ。人間関係を築き、群れをつくり生きていくときに人生の意味をもち、いわゆる健全な生活を送ることもできるのだ。

人が抱くようになるさまざまな感情のなかで、寂しさという感情について考えてみよう。

はたして結婚すれば解消できる感情なのだろうか。

昔の世代はそうだった。好きでなくても肌を触れ合わせているうちに情が生まれるとか、孝行な子どもが十人いるより悪妻が一人いるほうがましだとか、年を取っても背中を掻《か》いてくれたり肌を合わせたりして一緒に暮らしてくれる配偶者がいるのがずっと幸せだ、などと言った。だから、結婚すべきだと言うのだ。

一理あるようだが、配偶者がいるからといって寂しくないわけではない。実際、人は配偶者の有無に関係なく寂しい。有名な詩にもこうある。寂しいから人である、と。誰でも寂しい。年を重ねていき、人生に対する責任がすべて自分にあるとわかっていくと、さらに寂しさを感じるようになる。

とても理想が高いSという友人がいた。人形のような美人ではなかったが魅力があり、男性たちから人気があった。人一倍寂しがりで、つねに恋愛をしていたのに、三十代半ばになっても結婚をしなかった。友人たちのあいだでは、Sが結婚をしないのはまさにミステリーだった。

Sはとても結婚したがっていた。結婚せずにこのまま年を取ったら、私と一緒に暮らすことになるかもしれないと、結婚相談所に登録までした。そうやって出会ったのがそれなりに条件の良いAという男性だった。Aを気に入っているのかと訊くと、否定する。三回はデートをしないといけないので会っていたが、まったく楽しそうでなかった。四回目のデートの帰りに、無理だと思ったそうだ。

「寂しくて死ぬなら、むしろ死んだほうがマシ。三度のデートで結婚しようと言われたけど、三十年デートをしてもダメそう」

よかったね、と言ってあげた。寂しいから結婚しても、そもそも結婚とは売れ残り商品を安く買ってくることでも、突然にショッピングの神が降りてきて何かを衝動買いすることでもないでしょ？　結婚をしても、夫になる人のせいでもっと寂しかったらどうするつもりなの？　寂しいからと結婚したがっても、この人となら一生寂しくないと思える人に出会って暮らしたとしても、どうなるかわからないのに、そんな確信が一ミリももてない人とは結婚してはだめ、一人で暮らすほうがずっとマシ、だと。Sは、そう言われても慰めにならないし、けなされている気がすると言っていたが、いずれにしても今もシングルだ。

その後もSはときどき紹介されるブラインドデートに出かけ、相変わらず「寂しい、結婚したい」と言っている。見たところ、それほど結婚したがっているようには見えず、幸せそうに暮らしている。旅行にも行き、貯金もこつこつとしているし、良い職場で仕事もしていて、本人が言うにはあくせくしなくても、それなりに余裕のある暮らしだそうだ。

私も結婚さえすれば寂しくなくなると考えて、結婚相手を探そうとしたことがある。カウンセリングを受けはじめて、そうした考え自体がつまらない幻想だとわかるまでには、時間が必要だった。

私たちが結婚に対して抱いている信念の一つは、結婚すれば寂しくないはずだという幻想だ。本当にそうだろうか。

カウンセリングをすると、「当時はただ寂しくて、この人と暮らせば大丈夫なような気がして結婚したんです」という人たちに出会う。そう言いながら、カウンセリングに来る人たちの十人のうち九人が口にするのは「結婚していなかったときとは違って、よくわからないんですが、本当に寂しいんです」だ。

結婚しても寂しく、しなくても寂しいのなら、どうすればよいのだろう。それは結婚する、しないという答えでは解決できない。「あまりにも寂しいから結婚したい」という後輩たちには、自分と向き合うためのカウンセリングを受けることを勧めている。なぜならば、寂しさの問題は結婚で解決するのではなく、「自分を知ること」から始めないといけないからだ。

『愛するということ』（The Art of Loving）というベストセラーを執筆したドイツ生まれの有名な精神分析家、社会心理学者であるエーリッヒ・フロムは「カウンセリングとは自分自身を知るということ」だと言っている。つまり、カウンセリングを通して自分自身を理解し、自分と向き合うようになれば、感情的な問題を一つ一つ扱っていけるということだ。

自分を理解するということは、自ら意識できずにいる内なる傷や痛みに向き合い理解していくプロセスだ。これは自分を、また自身がもつ傷を客観的に見つめることだ。抑えつけてきた寂しさ、愛する人が去ってしまうのではないかという恐れや不安、こうした感情が原因であるのがわかるようになる。

そうした原因や実態がわかったからと言って、あらゆる寂しさが一瞬にして消えたり、二度と寂しさを感じなくなったりするわけではない。幼いころから長い年月をかけて刻まれてきた生活習慣から生まれた感情だからだ。私が感じている深い寂しさは、横に夫がいても、家族がいても、友人がいても解消されない。よい関係を築けている人たちがいて、その人たちときわめて健全な関係が保てれば良い。しかし、もともと寂しいという感情に振り回され心がつらい人は、ひとりでいても寂しいし、家族をもつようになると、その家族のなかにいても、自分が捨てられるのではないかという不安から寂しくなる。

結局、寂しさという感情は、内なる自分に出会っていないために生まれる感情なのだ。心の奥底でしんどいと言っているのに、私を見てと言っているのに、それを無視したまま他の誰かと出会おうとするだけなら、内なる自分は満足できない。

パズルと同じだ。ピースのかたちが合わなければ全体の絵柄が完成しない。三角形の部分に四角形のピースをはめようとしても役に立たないのと同じだ。

寂しさを紛らわそうとしてする結婚は、間違ったピースをはめることかもしれない。寂しさに苦しめられ、また寂しさによるつらさや不安を味わっている人たちがすべきことは、慰めてくれる配偶者を探すことではなく、気づいてほしいと声を上げている内なる自分に出会うことだ。そうすれば、結婚とは関係なく、自らを友にして生きていける。また、結婚したとしても、内なる自分と友でいられる成熟した個人と個人が出会う結婚ならば、結婚生活も安定したものになるだろう。

「結婚しないでひとりで年を取ったら本当に寂しい」と言う人たちに返す言葉を考えてみよう。

「私は寂しさを結婚で紛らわしたくないんです。自らを友とすることで充分なんです」なんて言ったらどうだろうか？

2 不安な人はいつも不安

ある日、友人が聞いてきた。

「いまいちばん欲しいものは何？」

「夫！」

悩むことなく答えた。深い意味はない。友人はとても意外だとでも言うように、まんまるの目で「なんで？」と訊いてきた。当然だ。三十代半ばの私は仕事に夢中で、一人暮らしが嫌だという素振りを見せたこともないのだから。

「ただ……仕事を休みたいんだ。でも休んだら養ってくれる人もいないし。一年ぐらい仕事を休んでも養ってくれる人がいたらいいなと思って」

いつの間にかこんな回答が口をついて出た。心のなかにそんな思いがあったようだ。

「それって夫が必要なんじゃなくて、お金が必要なんじゃない？」

「うん、そうだね……。夫じゃなくてお金が必要なんだね」

そう言って二人でげらげら笑った。

二十代後半に釜山《プサン》からソウルに上京し、ひとりで大学院に通い、卒業後は自炊用の部屋を自力で借りて、市民社会団体や宗教団体でつねに働いていた。

仕事の満足度は高かったかもしれないが、手にする給料では、天井知らずのソウルの物価と家の価格に太刀打ちできなかった。十年以上の会社員生活は、潤いがゼロではないものの、つねに経済的に余裕がなくて汲々《きゅうきゅう》としていたように思う。休みたいときもあった。「いま休んだらどうやって暮らすんだろう。数か月休んでまた働きたくなったときに、すぐに仕事が見つからないかもしれないし……。そうしたら餓死するかもしれない」といった生存に関する不安で、早々に辞めるわけにもいかず、転職するときも一週間以上休んだことはなかった。

それなのに頻繁に口をついて出てきたのは、「お金がたくさんあったらいいのに」ではなく、「夫がいたらいいのに」だった。お金については、とにかく一生懸命に働いて稼ぐのは私の役割だが、夫がいたら彼が稼いでくれるから少しぐらい休めるのでは、といった少々ずるい気持ちだったかもしれない。反対に夫がいれば、彼が休みたいと言うときに休ませて、私が働けばいい。そうすれば人生の重みが少しは軽くなるような気がした。お互いに助け合えるパートナーがいたら良いと思えたのだ。

それは生存に対する不安だった。経済的な問題も相当な割合をしめていたと思うが、かならずしも経済的な問題だけではなく、こんなふうにひとりで生きていても大丈夫なのだろうか。私の面倒を見てくれる人も、私が面倒を見る人もいないまま老いていくことに対する不安だった。

ある朝、鏡を覗くと見知らぬ人がいるような気分、鏡の中にいる私の荒れた肌や、下がってきたように見える首の皺に老化を実感し、「こうやって寂しく年を取っていったらどうなるんだろう」というつまらない心配や不安へと結びついていった。

そうした心配や不安は前触れもなく頻繁に現れては、再びさっと姿を消すことを繰り返す。ひどいときには居ても立ってもいられず、今日の心配だけでは飽き足らず、明日のことまで心配して一日を送った。また、不安は理性的でも合理的でもないと言って追い払い、今日成し遂げたことを口にして一日を振り返り、自分を褒めてあげ、ときには夜通し読書や映画鑑賞をし、お祈りもして不安を追い払おうと必死になった。

そしてそれから十年経った今も、同じような不安を抱いて生きている。十年前よりも鏡の中の姿は年を取った。体力も昔のようにはいかず、徹夜なんて考えることすら難しい。必要ならどんなアルバイトでもできた年齢を過ぎ、いまではアルバイトの募集先に名刺を出すことすら難しくなった。専門職のようでいてつねに契約職で、フリーランスという人生のポジションにいる。あるときは、杞憂《きゆう》にすぎないことを勝手に心配しだすこともある。

ところが、いま振り返ると当時はわかっていないことがあった。「経済的な余裕があれば、夫がいたならば、よい仕事に就いていたら」と仮定して、自分に足りないものを穴埋めできる何かがあれば不安が消えると思っていた。

しかし、そうではない。カウンセリングについて学び、クライアントに会い、私自身と向き合いながら得た答えや、世界中の数多くの著名人や学者たちの答えは、不安は場所、時間を問わず人間につきまとうものだということだ。不安はつねに私たちの内にとどまっているため、私たちは人生の終わりまでこの不安と共に歩むしかないということだ。

よい仕事に就いていても、素晴らしい配偶者がいても、かわいい子どもがいても不安な人はいつも不安で、ひどい場合にはパニックまで起こし、日常生活に支障をきたすこともある。一方で、社会的に見るとそれほどよい仕事に就いているわけでもなく、誇れることもなく、結婚して家庭を築いているわけでもないのに、とても安定した人生を送る人たちも多い。

この違いは何なのだろうか。私たちがよく口にする例に、「コップに水がまだ半分残っている」ととらえる人と、「半分しか残っていない」ととらえる人がいるというものがある。不安を感じるのもこれと似たようなことかもしれない。人の感情や思考が変わっても、こうした考え方が百パーセント変わるようなことはない。しかし、多くの場合、思考の変化は感情の変化を引き起こし、感情の変化は思考の変化を引き起こし、行動の変化をもたらす。

私には夫も子どももいないし、面倒を見るべき家族もなく、生涯自分で稼がなければいけない人生なのでつらい。「私の人生の意味は何だろう」と考えると、自分の人生が惨めに思える。そして、これから訪れる未来はバラ色というよりも、憂鬱な灰色で覆われていて、どこに向かって進めばいいのかわからない。

道を進む途中で傷を負うのではないか、感染症が流行すれば自分が感染するのではないか、少し胃腸の調子が悪ければ癌なのではないかと不安になり、理由はなんであれ、間もなく死ぬのではないかと気になり、そのせいで生きること自体が不安になるのであれば、それは神経症《ノイローゼ》だ。人はつねに死に対する恐怖や、自分ではどうにもならない状況への不安でいっぱいになってしまうのだ。

安全だった母の子宮から放り出された外の世界は安全ではない。だから、人は世の中に放り出された存在であり、揺らぐ大地の上に立っている不安定な生き物だ。夫がいても、子どもがいても、お金が多くても、結局、人間は現実の中で、ときには不安を感じながら生きるしかないのだ。シングルの人生は欠けているものが多いから不安だ、というわけではない。

不安を上手く克服する方法について多くの書籍、メンター、専門的な知識が巷《ちまた》にあふれている。ときには大きな助けになることがある。

私もパニックに苦しむシングルのクライアントに数多く会い、あらゆるテクニックや方法でカウンセリングを行う。しかし、最終的に到達しようとする信念の一つは「自分の人生を信じ、愛して、満たされないことにばかり心を傾けずに、この人生を歩みつづけている自分を誇りに思おう」ということだ。

不安を消すための方程式を見つけて解決しようとしても、不安が消えることはない。この世にそのようなものはない。不安は消せるものではないので、克服するには、不安のなかで心が揺れ動いてもたくましく何度も起き上がり、決して私を脅かすものではないことを経験する以外にない。

3 いちばん親しい人が夫である必要はない

エリク・H・エリクソンという心理学者がいる。二十世紀において大部分の心理学者たちが人間の発達段階を十代ぐらいで終わるとしていたのに対し、エリクソンは人間の精神的な成長を八段階とし、生涯をとおして発達するものだと提案した。人間は社会的環境との相互作用により、一段階ずつ成長していくというのだ。各段階の達成に成功すれば健康的な個人となるが、上手くいかないと精神的に欠陥が生まれるともしている。そのため発達段階ごとに発達課題が定められている。

その発達段階の六番目にあたる十九歳から三十五歳までの時期を青年期と呼ぶ。これは親密性と孤立が交錯する時期だ。愛着の対象、競争と協力の対象と良好な関係を結びながら親しくなれるか、または、彼らから距離をおいて孤立する人生を突き進むことになるかだ。

親密性は人生の発達段階において重要な課題として考えられているだけに、人にとってきわめて大切な情緒的な要素だ。乳児期から母親と結ぶ愛着関係も、つまりは一種の親密性と見ることができる。こうした関係をきちんと形成できた人は、穏やかな心理・感情構造をもてるため、大方は安定して幸せに暮らす一方で、形成できなかった人たちは対人関係において激しい葛藤を抱えることになるのだ。

親密性が重要な発達課題として示される年齢は、エリクソンによると青年期だ。社会に出て、新しい出会いが生まれ、結婚をして、人生を歩みはじめる時期だ。

女性たちの多くが結婚をしたがる理由に、親密性に対する内的欲求である性欲を理由に挙げることがある。もちろん社会は変化しているし、婚前の純潔などといった言葉は、もはや旧石器時代の遺物のようになりつつあるが、女性たちは自分が若かりし頃とは違うと感じるようになる。望むパートナーを思うがまま選ぶのが難しいだけでなく、男性たちが成熟した女性よりも若い女性の性的魅力を好むという事実も、だんだんと認めざるをえなくなってくる。そのため、早く結婚をしなければ、と考えることもある。もちろんこれだけではない。年を取れば取るほど、深く心を通い合わせられる一人を求めるが、その人が夫であることを望み、結婚をしたら望みがかなうだろうと淡い幻想を抱くようになる。

結婚すれば本当に性的な親密さ、性的な要求などが満たされるのだろうか。Googleでいちばん多く検索される結婚関連のキーワードは「セックスレス（sexless）」だという。〈結婚〉の関連キーワードは〈セックスレス（二万千九十回）〉、〈セックスに飢えた（一千六百五十八回）〉、〈ノー・セックス（一千三百回）〉だそうだ。最近の一年間の性関係の回数が月一回以下ならばセックスレスに区分されるが、ライナ生命のライフ・ヘルスマガジン「ヘイデイ（Heyday）」がカン・ドンウ性医学研究所と共同で、一千九十名の成人男女を対象に性生活についてアンケートを実施したところ、既婚者七百四十三名のうち性関係が月一回もしくは〇回と答えた「セックスレス」が36・1パーセントになったという（シン・キョンミ『シングルライフ』より）。

つまり結婚した人たちの中にも、配偶者とセックスや情緒的親密さを持てずに苦しんでいる人たちが多いということだ。こうした人たちは結婚をしたものの、ある面で親密さや性的欲求がろくに満たされないため、結婚前よりも寂しくてむなしい人生を送っている。実際に私のところに相談にくる主婦たちのなかにも、こういう人たちが多い。夫が自分とまったく性関係をもとうとせず、まるで捨てられたような気がすると言うのだ。結局、結婚して夫ができれば感情的、性的な親密さへの要求が満たされるだろうと思うのは、結婚に対する幻想に近いということだ。

人にはみな性欲があり、性的親密さ、精神的な親密さを求める。自然な欲求だ。ところが、こうした親密さを誰と持つのかが悩ましい。かつての韓国社会では、女性が性欲を満たす相手は夫だけだと教えられてきたし、そう信じてきた。昔と今は違うからといって、だれかれ構わず、行きずりの人と親密になるわけにもいかない。そうした親密さは一時の欲求を解消するための刹那《せつな》的な快楽になる可能性が高いからだ。刹那的な快楽が良いか悪いかではなく、中毒を引き起こしかねないのが問題だ。セックス中毒者の多くが、欲求解消のために快楽に溺《おぼ》れた者たちだ。男性だけでなく女性が相談に来るケースが徐々に増えてきているのも、そうした現状を反映しているのだろう。

夫のいないシングル女性たちの親密さに対する欲求は、どうすればよいのだろうか。人間はあらゆる欲求を百パーセント満たして生きることはできない。つねに満たされていない欲求がなにかあるものだ。

こうした事実さえ認められれば、私たちはかならずしも夫ではなく、大切な多数の人たちとの関係において、精神的な親密さを深めていける。また、肉体的、性的な結びつきでなくても、異性や同性に自分の魅力をアピールしながら、互いの心に寄り添いながら、気持ちを分かち合う方法はいくらでもある。人にとって、性欲を満たし、性的な親密さを得られる関係がとても大切なのは間違いないが、のめり込んだり執着したりする必要はない。

幸せになるために必要なのは、愛し合えるたった一人の男性ではない。私が彼に愛されないから不幸なのではない! もしかすると、愛しあい、より親密になるために結婚をしなければと焦る気持ちが、自分を不幸にすることすらある。

あなたが会う数多くの人を思い浮かべてみよう。異性でも同性でも、互いに大切に思う人々を。憂鬱な気分のときに、何も言わずに温かい食事をおごってくれた友人。退屈だと伝えると、一緒に映画を観に行こうと喜んで提案してくれる後輩。昇進を祝って開催した小さなパーティーに嬉しそうに来てくれた同僚たち。激しい口げんかをしたのに、私の悪口を言う上司に、私をかばって盾突いてくれた友人。彼らこそが、私の精神的な仲間であり、気持ちを分かち合う隣人だ。ある意味、私の夫でもあり、家族でもあるのだ。

彼らとのあいだにできた結びつきは、私の人生を豊かにする栄養になるだろう。結婚して夫がいるのに、セックスレスや捨てられたという感覚のなかで寂しさに苦しむ人生より、すてきな隣人たちと築いていく内的な親密さのほうが良くないだろうか。

だから、夫がいたらいいのに、と仮定するのはやめよう。夫がいたら自分の人生がいまより良かったはずだという仮定はやめにしよう。いずれにしても、人生に仮定はないし、はたして夫がいたら良かっただろうか。いまは夫がなくシングルでいるのだ。このまま過ごすのも満ちたりていて良いものだ。

自分にしょっちゅう語りかけよう。コンディションが悪い日に押し寄せてくるあらゆるネガティブな感情のせいで、自分がシングルだからだ、結婚をしていないからだ、と感じることがある。絶対にそうではない。結婚をしていないからではなく、上手くいかないのが人生なのだ。ネガティブな感情や楽しくない日々は、結婚した人にも、シングルの人にも訪れる。乗り越える力は、自らを愛することから生まれてくる。だから、まだ結婚を選択していないあなた。自分に良い言葉を聞かせてやり、笑顔を見せ、優しく接してあげよう。あなたにとって最良の人は、あなた自身なのだから。

4 ひとりだから憂鬱だと感じる、ある日

「今夜眠りについたら、翌朝を迎えられるだろうか。今夜が最後かもしれない。そうだったらいいのに」

なぜだかわからないが、一時はこんなふうに考えていた。思えば体も心もつらい、四十歳を前にした時期。何がなんでも人生を終わらせたい、と思っていたわけではないが、べつに翌朝目を覚まさなくてもいいや、と日々を過ごしていた。

あらゆることが思いどおりにならず、進みたくもない道に行くしかない日々だったのだ。それでもよく頑張った。一日一日、歯を食いしばってその日にすべきことをこなす。就寝前に日記を書き、訳もなく流れる涙を拭《ぬぐ》った。朝になり、また目が覚めれば、「あぁ、また目が覚めてしまった。朝だ。まだ生きているんだ」とつぶやきながら、スマホのアラームが鳴るたびに必死になってベッドから出ようとした。

運転をしていても頻繁にぼうっとしてしまう。涙が出るときは車に乗らずに公共交通機関を利用した。オフィスにいても訳もなく涙がぽろぽろと零《こぼ》れた。そういうときは深呼吸

をした。心臓の鼓動が激しくなり、痛みが走り、呼吸するのすら苦しいが、それでも、一、二、三、四、五で息を吸い込み、次の一、二、三、四、五で息を吐いた。そうした日々でも、講義をしなければならない日は笑顔で教壇に立ち、作成すべき書類も完璧に仕上げた。

胃の調子が悪いのか食欲がないことが多かったが、きちんと食事はした。夜はなかなか眠りにつけず、ようやく眠ったとしても何度も目が覚める。それでも、できるだけ同じ時間にベッドに入り、同じ時間に起床するよう努めた。そんなふうに冬をやり過ごし、花が咲くのを目にして笑顔を浮かべ、衣替えで出てきた半袖《はんそで》の服を着ると、徐々に顔に明るさが戻ってきた。

あれほどひどい無気力や憂鬱な気分に苦しんでいた晩秋、冬、そして春が去っていった。三十代の最後に出会った、結婚を願った愛する男性との別れを乗り越えたのだ。誰よりもその人が好きだったからか、四十歳を目前にした年齢のせいなのか、または、彼が私の人生で最後の結婚のチャンスだと思っていたせいなのか、ひどい鬱症状と無気力さのなかで、別れのつらさを乗り越えなければならなかった。以前も何度か恋愛を経験していたし、結婚しそうな雰囲気だったのにダメになった経験があるが、このときほどつらいものはなかった。

それでも鬱症状を乗り越えながら、カウンセリングの先生が私に伝えてくれた言葉がある。

「あなたは、内に持つ力がある。本人が思っている以上に大きな力が。だから、つらいけれど乗り越えられている。克服しようと頑張らずに、いまの思いに浸っていればいいし、心の中からなくそう、打ち勝とうとせずに受け止めてみてはどうか」と。受け止めること以外に特に何もできなかったので、憂鬱さを全身で受け止め、耐えて、乗り越えてきた。

カウンセリングをしていると、私と似たような状況に置かれたクライアントたちに多く出会う。なぜ憂鬱なのかわからないが、まったく何もできず、いつも頭がぼうっとしていてもどかしいし、ところかまわず涙が流れる。憂鬱すぎて死にそうだ。憂鬱さがなくなればいいのに、と。

特に三十代後半になると、職場でのポジションについても訳もなく不安を感じるし、恋愛をしている人たちは恋愛をしている人なりに、そうでない人たちはその人たちなりに、今の人生がこのままで良いのか不安に震えているうちに、どうしようもない憂鬱に陥ることが多い。

このとき、精神科に行かずにカウンセリングを受けに来た人たちは、「もしかしたら先生みたいに、ただ私の話を聴いてくれる人がほしかったのかもしれません」と言う。私自身の経験も同じだ。カウンセリングには憂鬱を扱う多くの理論があるが、もっとも大切なのは自分をさらけ出すことだ。理由を見つけられなくても、原因を語らなくても、いまの自分をさらけ出して、淡々と描写するときに、憂鬱さが晴れることがある。ときには憂鬱さを抱いたまま帰らなければならないこともあるが、それでも少しはつらさが緩和されるものだ。

鬱病は現代社会においてとてもありふれた病名になってしまった。つねに果てしない競争が繰り広げられる時代。本音を言えば愚か者扱いされそうで怖く、「大丈夫」とだけ言って強い振りをしてみるものの、じつはまったく大丈夫ではない。まわりの人たちが当たり前に思っている人生から、自分の歩む道が離れていくと感じるとき、何よりも恐怖を感じる。

しかし、まわりに人がたくさんいると思っていたのに、いつの間にか話を聴いてくれる人も、一時間であっても泣く私のそばにいてくれる人もいなくなっていたときの孤立感。そんなとき私は本当に幸せに暮らしているのかな、このまま一生孤立するのでは?と、灰色がかった無気力さや憂鬱さに襲われる。一生懸命に生きようとしてきたのに、ここで落ちこぼれてしまうのではと敗北感を抱いてしまう。これからの人生には変化も向上も、新たな胸のときめきもないかもしれないという絶望感。鮮やかな日差し、揺らめく風、芽吹いたばかりの青い葉がもはや喜びを与えてくれないと知ったときの戸惑い。

こうした感情をすべて合わせて、私たちは憂鬱さや無気力さを抱いて生きている。だからといって嘆いたり、失望したり、悲しんだりする必要はない。

シングルであろうとなかろうと、良い仕事に就いていようといまいと、私たちはみなつらいときがあるものだ。そんなときは、もがけばもがくほど、つらさのなかに囚われてしまう。一生懸命に絡んだ糸をほどいたはずなのに、さらに糸が絡んでいくのと同じだ。

そういうときは、じっと自分の内を見つめるべきだ。かならずしも何か原因を探る必要はない。そんな状況では原因を探ろうとしても、原因を見つけて解決できる気力がほとんど残っていない。文章を書いてもいいし、歌を歌ってもいいし、散歩をしても、専門のカウンセラーを訪ねてもいい。自分自身と共に過ごす時間をもつのがよいだろう。これ以上心のなかにしまっておけない話が、聞いてもらいたくてしかたがない本当の自分が、私の内に渦巻いているからだ。

聞いてもらえず、見てもらえないために、憂鬱という症状を引き起こす。自分の内なる声に心から耳を傾けてやるだけでも、沈んだ気分は耐えられる程度のものになっていく。

どうすれば内なる声に耳を傾けられるのか、どうすれば自分をいたわれるのかわからないときは、助けてくれる専門家を見つけよう。専門家は他にいるわけではない。私自身にとって最高の専門家は私自身だ。戦って勝とうとすればするほど迷路に入り込むことになるが、力を抜けば抜くほど、自分に敬意を払い、自分を愛し、自分を思いやれる。

心から自らに向き合えたときに、憂鬱さが消えてなくなる。そばに好きな人がいれば、私を日常的に理解してくれるパートナーがいれば、もっと簡単に消えるかもしれない。そんな日常のパートナーはかならずしも男友達や夫でなくてもよい。女性の一人暮らし独特のヒステリーだと、呆《あき》れるようなことを言われそうで気持ちを抑えもするが、他人を攻撃するのではなく自分を大切にしながら思ったことを口にすることで、気分は徐々に晴れていく。

現在ひとりだから気分が落ち込んでいても、また、少しずつ年を取っていくのを受け入れられなくて気持ちが晴れなくても、大丈夫、そんなこともある。状況を変えたからよくなるものではない。自分自身を受け入れることで、徐々に良くなることがある。

なので、一人暮らしだから、老いていくからと、落ち込んで自分を責める必要はない。ひとりで年を取り、もしも仕事を失うようなことがあっても、憂鬱さに襲われたとしても大丈夫だ。自分に対する愛情と自分を大切に思う気持ちさえ持ちつづければ。自分ひとりを頼みとして年を重ねていく自分自身を愛そう。問題なく暮らしてきたし、これからもそうやっていける。

もし上手くいかなかったら？　ちょっと休んでからでも大丈夫。人生は望むように簡単には終わらないものだから。

5 独立、彼らは彼ら、私は私

私はいつ独立したのだろうか。釜山生まれの私がソウルで大学院まで進み、学生寮での生活を始めてからはずっと一人暮らしなので、大学院に進学した二十六歳を独立した時期と見なせると思う。

その後、私は本当に独立したのだろうか？　そうだとも、そうでないとも言える。独立とは経済的に、精神的に両親から離れてひとりの人生を歩みはじめることだ。しかし、私はその点、両親からときどき経済的な支援を受けていた。家を借りたときも、お金がないのに誰にも借りられなかったときも、ただ誰かにご飯をおごってもらいたかったときも。いま思うと、独立とは言っても身勝手なもので、必要になれば母や父を頼った。彼らが私を必要としたときにそばにいてあげたのかは、よくわからない。精神的には独立していたのだろうか。

私自身は自分が必要以上に大人だと思っていた。中学校一年生になるまで、我が家には二部屋しかなかった。四人家族で弟がいたので、各自の部屋があればいいのにと思っていた。中学一年のとき、自分の部屋がほしいと熱心に祈った。いまでもそのときに日記帳に書いた言葉の一つを思い出せる。

「私にもただ横たわれる部屋が一つほしい。部屋があれば、泣きたいときも思いきり泣けるのに」

中一の少女は、一人で泣きたかったようだ。

それから間もなく自分の部屋ができると、私は部屋からあまり出ていかなくなった。父が忙しく働いているのはもちろん、母も仕事をしていたので、家族が全員揃って食事をする時間すらほとんどない。高校時代朝六時には家を出て、夜十時に自主学習を終えると、帰宅時間が十一時になる生活を送っていた。

帰宅すると、母は私の学生服のシャツを洗濯し乾かして、アイロンをかけてくれた。両親が私に対してしてくれることは、間違っていないと思っていた。両親は生活に追われて忙しく、慶尚道《キョンサンド》特有のぶっきらぼうさに加えて、気持ちを言葉で表現できるほどきちんと教育を受けていないため、私が望むことを充分にはしてくれないものの、決して誤ったことをしているわけではない、そう思っていたし、実際にそうだった。

しかし、カウンセリングを受けながら自分にも見えざる傷があることがわかった。あまりにも早く大人になってしまい、早くから他人を頼らず自ら解決していく人生を歩みはじめた子どもだったのだ。そのせいか恋愛をするときも、本当は甘えられて、頼れる人が必要だったのに、私に頼ってばかりの人や、単独で行動するのを好む人たちとばかり出会った。

カウンセリングの際に、両親を理解していると言ったことがある。祖父母たちから受け取ったものが何一つない両親が、裸一貫から出発して、二人の子どもを育てるのは容易ではなかったと思う。精神的なつながりやケアといったものが何だかわからないまま、子どもに食事をさせて、よい服を着せて、大学まで無事に行かせてあげさえすれば親の役目は果たしたと考えていただろうし、そういう時代だった。亡くなった父は、私が行きたがっていた海外留学をさせてやれなかったと残念がっていた。そんなことないよ、私に能力がなかったから行けなかったんだよと言っても、悔いは消えなかったようだ。

私はそんなふうにして早くに両親から精神的に独立して、家を出たのだが、自分を大切にしてくれる人を求めて、まるで孤児のようにあちこち彷徨《さまよ》った。幸いなことに間違った道に迷い込むことはなかったが、結婚には至らなかった。父の死後はひょんなことから母と二人暮らしをしている。二十六歳でソウルでの生活をはじめてから初めて朝食を食べ、母と一緒にいる日は、インスタント食品でない手づくりのご飯を一日三食食べる贅沢《ぜいたく》を味わっている。そして、いまや私が母の保護者になっている。

いったい母と娘の関係とは何だろうか。カウンセリングの大半は、一生の初期段階における人間関係から社会化のプロセスをとおして形成される情緒、性格、対人関係のパターン、葛藤に対する解決能力といったものを知ろうとするものだ。カウンセリングでは両親との関係について聞かないわけにはいかない。

なかでも、母娘の関係ほど微妙な関係はない。娘が幼いころには娘の保護者だった母は、娘が年を取るにつれて保護される側へと変わっていく。それにもかかわらず、そうした事実を受け入れられず、絶えず娘と葛藤を繰り広げることがある。

三十代になっている娘の一挙手一投足に関心をもち、コントロールしようとする。娘が拒否すると、「面倒を見てきたのは私でしょ」から始まり、「ひとりでいる娘を心配するのは母親として当たり前の権利だ」とこじつけのような論理まで飛び出してくる。また、娘は四十代近くになると、母親のことを可哀想に思えてくる。母がどれほど苦労して自分のことを育ててくれたのかを思うと、母親を恨んだり、母親に反対したりすれば申し訳ないとさえ思う。それでいて相変わらず「うちのお母さん、どうしてあんななんだろう」「お母さんの性格が簡単に変わらないのはわかるけど、ほんと疲れる」などと言ったりするのだ。母親に対する失望、憎しみ、苦しめられたことに対する恨みなどを、言葉にできないまま胸に抱きつづけるのだ。「結婚もしてないんだから、せめて長男の役割でも果たそう」ともっともらしい理由をつけて。

それでも、年を取っていくシングルの娘は、経済的にも精神的にも両親の面倒を見ていくことになる。結局のところ家族間の健康的な分化は生涯なされないまま、互いに依存したまま「なんでお母さんはあんななんだろう。私の気持ちもわからずに、こんなことを……」などと恨むが、ちゃんと面倒を見てあげられないことに対して自分を責めることもある。そんなふうに母と娘は互いに抱き合ったまま転げ回るようにぶつかり合う。それだからといって気持ちが楽になるはずはない。結局は、親から真に独立できずにいるのだ。

経済的にはある程度は独立していても、精神的には相変わらず親に依存した状態で生きているクライアントに多く出会う。私が本当に親元を離れたらどうなるのだろう？　子どもに戻っていくような両親の甘え、わがまま、干渉をつらいと感じるとき、これ以上こうしたことに囚われずに済むのが独立した人生だ。両親は永遠に両親で、私は私だ。これ以上両親の感情のはけ口になってあげなくても、私は悪くない。

両親の感情のはけ口になってあげるのは、娘だったらそのぐらいしてあげないといけないだろうという不安のせいだ。そんな必要はない。両親にはそんなことを要求する権利もないし、娘にはそれを受け入れないといけない責任もない。彼らは彼らで、私は私だ。経済的にも、精神的にも、思考や感情も、すべて両親から離れて、私は自分のために生きなければいけない。嫁に行かなかった分だけ親孝行をする優しい娘になろうと努力すればするほど、完全な独立はずっと遠ざかり、両親との関係をいまよりも良い、新しいものにすることは期待できなくなる。

両親の面倒を見ないわけではなく、無理して自分の感情を抑え込んだまま、老いた両親の保護者になる必要はないと言っているのだ。もしくは、経済的には独立して親元を離れたものの、自分の気持ちや考え方や人生が、相変わらず両親の意思に従っていて、両親の選択に間違いはないだろう、両親が選んでくれたのだから私にとって悪いはずがない、と考えるのも、独立できていない自分の姿だ。結婚していないのだから、誰にも頼らず、自分のことに集中し、堂々とした私自身として生きていこう。

そのためにまず大切なのは、両親から経済的にも精神的にも独立することだ。すべての親には子どもの面倒を見る責任や義務がある。それが父母という立場に与えられた重さだ。うちの両親がそうした責任や義務をちゃんと果たしてくれたことが、どれほどありがたいことかわからない。私は結婚もせず、子どもも産んでいないので、親から受けた愛情を自分の子どもに返すことはできない。そのため、ある人は永遠の子どもとして両親の傍に留《とど》まろうとし、ある人は両親の保護者となり両親のもとに留まろうとする。しかし、どれも健全な関係ではない。

成長して両親のもとを離れ、独立した人生を歩む大人として、年を取った両親にきちんと気を配ってサポートし、必要に応じて面倒を見る子どもとして生きていこう。それが本当に独立した人生であり、自分も両親も健康になる道だから。

6 いい人コンプレックス、誰にとってもいい人にはなれない

「他の人と付き合う際、何よりも大切なのは、自分が幸せを追い求める方法を相手が認めてくれる限り、自分も相手のやり方を尊重することだ」

デール・カーネギー著『人を動かす』の一節だ。女性は人間関係中心で、男性は仕事中心だとよく言われる。仕事をしているときも男性は結果や実績にこだわって判断するが、女性はそうではなく、客観性と公平性に欠けるとも言われる。

かならずしもそうではない。個人の傾向にすぎないだろう。人は職場生活を過ごし、恋愛をして別れも経験することになる。そうやって人間関係を体験しながら、程良い距離を

取るべき人、親しく付き合うべき人、二度と会ってはいけない人など、自分なりに人間関係を分けるようになる。

ところが、ひとりで年を重ねていくと、こうした人間関係に一種の執着を抱くようになり、苦しむ人たちに出会うことがある。

「シングルだから、いい人にたくさん出会って、寂しそうに見えないようにしないと」と複雑極まりないSNS上の人間関係を結ぶのだ。あちこちで開かれる集まりに絶えず参加しては、人々とのつながりを感じている。それでもときどき「Hのせいですごく疲れる」「Jが陰で私の悪口を言っているんだけど、なんでそんなことができるんだろう？」と感情的になることさえある。

こうした感情の大部分は、すべての人とできるだけ良好な関係を結ばなければいけない、良い人でなければいけない、という自己検閲によるものだ。自分は良い人として相手にできるだけ気配りしたのに、相手から返ってきたのが自分の欲求を満たすだけの自分勝手な反応であれば、怒りを覚える。私はこんなに魅力があるのに、なんで悪口を言うのかと興奮する。何が問題なのだろう？

人はみな異なる。お互いに期待すること、生き方、哀しみや喜びの感じ方、馬鹿にされたと感じる基準、気を遣ったと思う基準、すべて異なる。そうした違いを認めるのが大切だ。ところが、これが実はとても難しい。

　おもしろいのは、職場で仕事はきちんとできるのに、「人付き合いがとても疲れる」と相談しに来るクライアントは、女性のほうが圧倒的に多い。反対に「私は仕事もできるし、人間関係も良好なのに、今回昇進できずとてもつらいんです」と、認めてもらえないことに対して挫折を味わうクライアントは男性のほうが多い。これは男女が生まれもった違いというより、どの部分をより重要視するのかによる違いだと見るのが正しい。

　そういう意味では、人間関係に対する敏感さも女性のほうが高いと言える。女性の中には会社勤めもしているし、それなりの年齢になっているため、「たしかに人それぞれだから、私に対してあんなふうに反応したり、接したりすることもあるよね」と広い心をもてる人もいるだろう。しかし大半の人はそうではない。ひとりで気落ちしたり、心配したりして、人間関係によるストレスに耐えきれなくなるクライアントを多く見てきた。

　なぜ人間関係からストレスを受けるのか考えてみよう。どこかで読んだ内容だが、この世には二種類の人間がいるそうだ。単純な二分法だが、噂話をする人／噂話の話題になる人、悪口を言う人／悪口を言われる人、モーツァルトみたいな人／サリエリみたいな人。どの場合でも前者のほうが高い自己満足度をもった人生を送っていることがわかるというのだ。たしかにそのとおりだ。この分類の重要な点は、すべての人に対して良い人になる必要はないということだ。

考えてみよう。私は良い人でありたい。当然だ。人は誰しも認められたいし、愛されたいと思う。良い人になりたいというのは、大部分の人から良い人だと褒められたいし、仕事もできると認められたいのだ。他の人たちをちゃんと面倒見ながら、自分の領域と立ち位置をきちんと守る、そんな人だ。

しかし実際には難しく、思ったようにいかない。この社会がいかに弱肉強食のジャングルと同じか、みな経験してきていると思う。すべての人にとって良い人もいないし、すべての人にとって悪い人もいない。爆発的に人気のあった『嫌われる勇気 自己啓発の源流「アドラー」の教え』（岸見一郎／古賀史健著、ダイヤモンド社）という書籍の内容を例に挙げるまでもなく、無理に一目置かれる良い人である必要はないのだ。嫌われまいとがんばる必要もない。

韓国のようにコネが大事な社会では、できるだけ多くの人に出会って、良い関係をつくっておけば、どこかで人生の役に立つだろうと期待することがある。間違ってはいないが、人間関係を構築しようとエネルギーを注いでも、期待したほどの成果が得られないケースを数多く見かけてきたし、私たちはそういうときにストレスを受ける。

「私はこうやって接したのに、あの人の態度はいったい何？」

いくら私が親切に接したとしても、相手からしたらこちらの期待どおりに接する義務はない。もちろん期待どおりに、もしくはそれ以上に接してくれる人たちもいるかもしれない。それならばありがたいが、そうでない場合のほうが多い。

他人と比べはじめると、自分だけがつらく惨めになってしまう。ひとりで年を取っていくのは時として恐ろしく、自分のそばに誰もいなくなるのではないかと心配し、とりあえずはこれでいいや、と相手の期待に応えはじめるとキリがなくなる。そして、そんな関係にうんざりすることになる。

私に嫌いな人がいたからってどうってことないし、私のことを嫌いな人がいても構わないだろうか。大切なのは私が自分自身を嫌いにならないことだ。

人間関係はギブアンドテイクのようだが、数学ではないので、絶対にギブアンドテイクにはならない。なぜかと言うと、基本的に人間関係とは自分の精神力動と相手の精神力動が出会い、もう一つの力動を引き起こす、化学結合の産物のようなものだからだ。

基本的に良好な関係を築けるということを前提にすると、自分自身を嫌いにならず、自分にも他人にも正直でなければならない。そうしていると、無理せず自然に、気が置けない付き合いの人間関係も生まれるし、一方で何を言っても気まずい人や気に食わない人、私のことが嫌いな人も出てくるものだ。それらはすべて自分の心理的機制によるもので、原因はつねに自分にある。

人間関係がうまくいく十の方法、といった言葉が書籍やネットにあふれている。ところが中心となる部分はどれも似通っている。私がまとめた内容によると以下のようになる。

一つ目に、自分自身がどんな人間か理解しよう。問題は自分から始まるからだ。どんな信念をもち、心の中にどんな傷があり、どんな心理を相手に投影しているのか、どんな基準や価値観を内面化しているのか、コアとなる感情はどういったものか、などを知る必要がある。ひとりで調べることもできるが、専門家のサポートが多少必要な領域でもある。

二つ目に、相手と私は異なる人間であることを認めよう。考え方、育ってきた環境も違うし、好きなものも嫌いなものも違うのだから当然だ。自分自身によく似た人に出会うことがあっても実際は異なる。異なるということは、私と同じではありえないということであり、私にとっては常識的なことでも、その人にとってはそうではないこともあるということだ。「まったく、なんであんなことができるのだろう」と言っても、この世ではどんなことでもできるのだ。

三つ目に、自分に都合の良いように相手を変えようとしないことだ。「こんなふうに言ってくれればいいのに」「こんなふうに接してくれればいいのに」。もちろん期待しても構わないが、相手がそのとおりにやってくれるわけではない。できないからと責めてはいけない。こんなに期待して頼んだのに、なんでやってくれないのかと責めれば、自分もそうされるかもしれない。相手への期待値を下げたとしても、それが叶《かな》わないと言って相手を責めないこと。または自分のせいにして罪悪感を抱かないこと。この世で私が変えられるのは私だけだ。だから、私が変われば相手も変わるかもしれない。

四つ目に、私は愛されもすれば、嫌われもする人間だということだ。当たり前ではないだろうか。大切なのは認めることだ。私のある面は、AやBにとっては愛らしいかもしれないが、Cには憎らしく見えるかもしれない。反対もしかり。私という存在は弱みと強みをもち合わせている。人間関係は精神力動なので、私のある面はAにとっては愛であるのに対し、Cには妬みとなるかもしれない。誰に対してもぴたりと当てはまるものなどこの世にはない。

最後に、他人から愛されたり嫌われたりする程度によって、私の価値は決まらない。認められたい、愛されたい、と望む気持ちはあらゆる人にある。私はただ私として存在している。不十分で、愛情に満ちあふれ、弱くて、強い、あらゆる面を複合的にもった私であり、年を重ねていくと良い人になっていくのは、こうした複合的な面が平均化されていく過程だからだ。

そのため、より成熟した人間になるということは、人間関係の幅を広げて、多くの人たちにとって良い人になるのではなく、自分自身にとって良い人になることだ。成熟した人間になれば、大部分の他人とも良い関係を結べるようにもなり、ひとりだからといって人付き合いに力を入れすぎるようなこともない。人付き合いに割く時間を使って、より良い人になっていこう。

7 心の主治医との出会い

メッセンジャー・アプリのカカオトークのギフトボックスに、私が好きなケーキが贈り物として届いていた。開いてみると、H先輩からだ。特別な日でもないのに送られてきたプレゼント。メッセージボックスには「ふとあなたのことを思い出したわ。昨晩夢に出てきたから。元気だよね？　あなたが好きなケーキを贈るね。ケーキを食べて、元気に過ごして」と書かれていた。

幸せな気持ちになって、思わず笑みがこぼれた。午後に暇な時間を見つけてカフェに行き、ケーキと甘いコーヒーを受け取り、広々としたカフェの窓際に座って一冊の詩集を開いた。春の日差しがとてもきれいだ。昨日あった出来事のせいで、とても憂鬱な日だったのに、ケーキとコーヒーと共に鬱々とした気分がさっと溶けていく。どんなときでもケーキとコーヒーは最高だ。贈ってくれた先輩に心から感謝する。

H先輩に出会ったのは、私が最初に勤めた会社だ。私より五歳年上で背も高いこともあり、姉がいない私には姉のような存在だった。いつも優しくしてくれる先輩と一緒に働いたのは五年間だけだが、その後も今に至るまで十五年間にわたりずっと親しく過ごしてきた。つらいときには救いの手を差し伸べてくれるし、本音の悩みにもじっくりと耳を傾けてくれた。

先輩は私と同じ職業に就いている。私の置かれた状況を長きにわたりもっとも理解してくれているので、困ったときにはいつも真っ先に訪ねていき、話し合ったり助言を求めたりする。つらいときに訪ねていける先輩の存在がどれほどありがたく、大きな力になっているかわからない。

つらいときに本音をもらせる人は、H先輩以外にも二人ほどいる。彼らはただの友人ではなく、あるときはカウンセリングの五回から十回分ほどの費用を支払って相談する、私のスーパーバイザーだ。もちろん私の仕事に対するスーパーバイザーだが、ときには人生のさまざまな岐路において助言を与えてくれるありがたい存在だ。

ひとりで生きていると、あらゆることを自分で選び、決めて、責任を取らなければならない。あえて〈ひとりで生きていると〉と付け加えなくても、大人になれば当たり前だ。あえてひとりで生きていると書くのは、日常的に気持ちや悩みを分かち合いながら語り合う気楽な話し相手がいないからだ。もちろん友人はいるし、まわりには知人もいるので、電話もできるし、会っておしゃべりもできる。集まりにも出かけるし、会おうとすればいつでも会える人たちはいる。

それでも、気持ちがひどく落ち込んだり、問題が起きて気持ちが落ち着かなかったり、大きな決断を下さないといけなかったり、難しい選択に迫られたときには、誰に話したらよいのかわからなくなることがある。普段から良い関係を結んでいる人たちも、親しいつもりでおしゃべりをしていた友人も、突然に距離が感じられ、誰もこんな私を理解してくれないだろう、という気持ちになることがある。そんなときはH先輩に会うか、スーパーバイザーたちに会うことにしている。

彼らは特別な解決策や助言を与えてくれるわけではない。もちろん解答も与えてくれない。ただ、これまでの私を知っているので、ひたすら私の話を聴いて慰めながら、過去と現在を照らし合わせて、忠実に自分自身を見られるように手助けをしてくれる。そうして何度か会っているうちに、心の安定を取り戻すこともあれば、問題を解決するヒントを得ることもある。

彼らに会う理由はなんだろう？　よくよく考えてみると、私の気持ちをじっくりと聴いてくれることがいちばん大きい。繕ったり、偽ったり、猫をかぶらずに本心を打ち明けられて、私自身を曝《さら》け出しても、恥ずかしい、かっこ悪いと思わずにすむ関係や信頼。そうしたものが彼らに会う時間を特別なものにしてくれる。

人生において数多くのことを経験してきたので、さまざまな出来事への対応力が培われ、この程度なら乗り越えられると思えるときが多い。しかし、年を取っても困難なことは次々と起きるし、困難なことはいつまで経っても変わらない。ときには、誰かに寄りかかりたいし、子どもみたいに抱かれて泣きたい。見知らぬ土地で迷子になったように戸惑うこともある。年を取ってもこうした感情がなくなることはなく、繰り返されるうちに慣れていくだけだ。

そのため、気持ちを分かち合える相談相手は一人でもいたほうがよいと思う。心の主治医と呼ぶべき人だ。親しい友人に会っておしゃべりをしてもよいし、母親の胸に抱かれて泣くのもよいが、親しくて距離が近すぎる人ではなく、適切な距離が保てて、私の心の声にじっくりと耳を傾けてくれるが、ある程度客観的に捉《とら》えられる距離から主観的で温かみのある対応ができる主治医がよい。

クライアントたちはカウンセリングを始めると、「何回ぐらいカウンセリングを受ければ、よくなりますか」と訊いてくる。目に見えてつらそうな症状は思ったよりも早く治ることがある。しかし、心は目で見えない。期待していたほど効果が出ないこともある。そして、もっと大切なのは、人生のある時点において、ある問題でカウンセリングを受けても、同じ問題が二度と起きないわけでも、つらい思いをしないわけでもないということだ。

カウンセリングで自分の人生における秘密がわかれば、問題となりそうなことの原因をすべて見つけ出して取り除けば、幸せで何一つ問題がない人間になれると思っていた。ジャジャーンと効果音を鳴らして登場するスターみたいに。

そうではなかった。人生はつねに問題だらけで、私は以前と同じような問題が起きると再び右往左往している。生きていくとは、そうしたことの繰り返しだ。尊敬し慕っている心の主治医が、私の人生にいなかったら、どうしていただろうか。おそらく途方に暮れて、簡単に諦め、性急に心の扉を閉ざしては、自分がどうしようもない人間だと嫌になり、自分を責めたことだろう。より良くなろうと、希望をもって生きようと努力しなかったに違いない。私の人生を支えてくれている要素はいくつかあるが、心の主治医たちはつねにありがたい存在であり、人生になくてはならない存在だ。

現在ひとりで生きているみなさんには、心の主治医にぜひ出会ってほしい。可能であれば専門的なカウンセラーで、心に寄り添ってくれる人が望ましい。適切な距離を置いて客観的ながら温かい眼差しで、あなたが打ち明ける人生の話に耳を傾けてくれて、自ら立ち上がれるようにしっかりと支えてくれる心の主治医ならば好ましい。あなたの生い立ちをすべて知らずとも、現在のあるがままのあなたに会った瞬間から応援してくれて、心の痛みに薬を塗ってくれる人が人生にいれば、いまよりもずっと心強く、ずっと安心できることだろう。

結局、寂しさという感情は
内なる自分に出会っていないため生まれるのだ。
心の奥底でしんどいと言っているのに、
私を見てと言っているのに、
それを無視したまま他の誰かと出会おうとするばかりなら、
内なる自分は満足できない。

現在ひとりだから気分が落ち込んでいても、
また、少しずつ年を取っていくのを
受け入れられなくて気持ちが晴れなくても、
大丈夫、そんなこともある。
状況を変えたからよくなるものではない。
自分自身を受け入れることで、
徐々に良くなることがある。

第5章

本当に独立した人生を生きる

1 一生できることを見つける

青年たちを呼んでいた二放世代、三放世代という言葉は、さらに〈N放世代〉【放は放棄の略で、恋愛、結婚、出産など諦めたことの数がNに入る。現代の若者たちを指す言葉】という言葉を生み、青年たちは自らをもはや希望などない世代だと言う。希望する会社に就職するのは空の星をつかむほど難しく、実際に就職活動をしたものでなければ、大変さはわからないだろう。

私は彼らの世代ではないが、ちょっと前にいくつかの理由から、しばらく半強制的に仕事から離れ、その後、新たに仕事を探さなければならなかったことがある。就職先を探す暗闇のなかで、あぁ、就職活動をする若者たちはこうした苦しみを体験するのか、とわかった。初めて就職活動をする人たちとまったく同じではないが、先が見えないのは本当に恐ろしい。ひとりで生きるとはそうした先が見えない不安に耐えることなのかもしれない。

特に女性たちの場合を考えてみよう。やっとのことで就職しても、社員・公務員などの正規職員でないと、就職時の年齢が高いほど昇進が遅れる。また、既婚者は既婚者なりに、未婚者は未婚者なりに、気を遣わなければならない。育児休暇を取ろうものなら、休暇明けに自分の席がちゃんとあるか不安になるものだ。シングルとして会社生活を送っていて昇進できていない場合、三十代後半になればどうしようかと悩み、周囲の顔色をうかがうようになる。

よくよく考えると、仕事を持つ女性たちの場合、結婚を境にして人生の計画を立てることが多い。企業でしっかりと働いている人たちの中にも、結婚後はどうなるかわからないので、結婚前に一生懸命に働いて結婚資金を貯めておこうと節約する者がいる。

現在三十代半ばから四十代前半の女性たちも、学生時代は男子学生に劣らず勉強をした。むしろ男子学生は内申点ではどうやっても女子学生に追いつけないと文句を言い、高校・大学ともに公正な競争をして入学した。そうやって個人が手にする仕事は生計を立てる手段以上の意味がある。仕事をして社会人生活を送るのは、人生の価値と意味をもたらしてくれる。

ところが、社会はいまも変わらず女性に冷たい。かなりよくなったとは言うものの、働く女性の実際の感覚ではまだまだだ。それは、結婚をしていてもいなくても同じだ。そもそも終わりなき競争へと駆り立てられる社会なので、男女を問わず生きづらいのは同じだろう。

とりわけ女性たちにとっては、見えない壁が至るところに存在する。そのため、夫の家への就職（就職を諦めた末の結婚）を意味する「就家」という言葉が生まれたのかもしれない。結婚をして子どもを産み、ひたすら育児や家事を専業にするということだ。一部の人たちには嬉しい言葉かもしれないし、やりたいことかもしれない。引き留める気持ちはないものの、経済的な理由や就職難から逃げるために、〈一生の職場〉と揶揄《やゆ》される家庭に入る手段として結婚を選ぶのはやめてほしい。自分が本当に望むことを諦めることになるからだ。

私は三年前に毎月お給料がもらえる仕事を辞めた。自分の欲望に正直でありたかったからだ。その職場で働きつづけるということは、従いたくなくても従わなければならない多くのルールや業務が続くことを意味した。やりたくても、思いどおりにならないことが多いのを、受け入れなければならなかった。その職場で働く最大の理由が安定性しかないと感じられたとき、辞めようと思った。

カウンセリングで生きるための壮大な計画を立てると、安定した仕事を捨てて、無謀にもプラットフォームが完全に違う世界へと移ってきた。大変だった。理想は理想で現実は現実だ。一つ悟ったのは、いくら私がやりたいと言い張っても、すべてできるわけではないということだ。

それでも、カウンセリンググルームを開設し、なんとか生き残ろうと孤軍奮闘した。そのカウンセリングルームをスタートに、長いこと憧れてきた小さな教会の牧師をする夢は、いまももっている。

結局、まだ二つの夢のうち一つしか実現していないが、いろいろなことにぶつかり不安で胸をいっぱいにしながら、結末がどうなるかはわからないものの一歩ずつ歩んでいる。結婚をしていたら、どうなっただろうか。ある面ではもっと楽だったかもしれないし、別の面ではもっと大変だったかもしれない。いちばんの味方になったかもしれない（そうかもしれないし、そうではないかもしれない?）夫の助けは得られなかったが、シングルだったからこそ、こうした決断を果敢に下せたと思っている。人生の欲求に正直であったし、欲求どおりに歩む際に障害となるものがなかった。俗に言うように、ひとりで失敗したところで大したことはないからだ。

カウンセリングルームも一種の自営業なので、最近はブログやSNSマーケティングの活用などについて、一生懸命に勉強している。実際は、ブログやSNSで見かける多くの女性たちの生き方から刺激を受けている。

キャリアが途絶えた既婚女性。いまは仕事をしているが性に合わず、数年後がどうなっているかわからないので、いまのうちにやりたいことを見つけたいという三十代後半の女性たち。会社員なのに長いあいだ自分が夢見てきたことのために、新たに学びはじめようとしている人たちなど。世の中は、私が見たり聞いたりしてきたもの以上にバラエティに富み、すさまじい速さで動いていた。

彼女たちの共通点は、現在やっていることに満足していてもいなくても、何をしたいのか、どんな生き方を夢見てきたのか、と絶えず問いつづけ、それに対する答えを求めながら、実行する人生を送っているということだ。年齢や結婚・未婚に関係なく。

女性が自分の仕事をもつのは、当たり前のことだ。どうせなら、生涯にわたって胸がときめく仕事をつくっていくほうが良くないだろうか。

いますぐ考えてみよう。自分にとって胸がときめくことは何か。そして、じっくりと考えてみよう。あなたにとって胸がときめくことを生涯続けるには、何を準備しないといけないのか。目標に向かって走ってばかりの人生は意義深くはないが、生涯にわたり胸がときめくことをしながら生きられたら、それが職場という組織とつながるものでなくても構わないのであれば、本当にすてきなことだろう。

2 「マイホームをもつ」、住居に対する自分だけのロードマップ

私は二十代半ばにソウルの大学院で学びはじめ、初めて両親と離れて暮らすことになった。大学院生なのに学生寮に入れてもらえたのだが、三年後には自分で家を借りなければならなかった。両親が経済的に豊かでなく、私も学業に専念してきたためお金がない。二十年ほど前のことだが、銀行の融資を受けて、保証金千五百万ウォンで部屋を借りた。部屋が三つ、ぴったりとくっついた学校の近くにある連立住宅だ。今風に言うとワンルームだが、狭い部屋だった。家具は新品ではなく先輩たちのお古。洗濯機や冷蔵庫も誰かが寄付してくれたもので、テレビももらいものだ。

初めての自炊は、他の人たちにとっては結婚年齢の三十歳前のことだ。友人たちは以前と変わらず、アジトのように私の部屋に出入りし、ときには帰宅する私のために夕食をつくっておいてくれた。そうやって二年を過ごした後、新たに親しい友人と五年間暮らしたのは、部屋が二つに広々としたリビングもあるかなり良い家だった。友人が保証金を多く出してくれたので、私は払えるだけの金額を出して借りた賃貸マンションだ。その後も何度か引っ越しをしたが、一人暮らしで身軽だったからか、それほど大変ではなかった。

引っ越しをするたびに、ソウルで住居を手に入れるチャンスはだんだんと遠ざかっていった。ソウルに家を買うのは夢のまた夢だが、保証金を入れるタイプの賃貸マンションでさえも金額が急騰し、望めなくなった。さらに、長いこと勉強はしてきたが、収入は無残なほど少ない職業だったので、ソウルで暮らすのは容易ではない。

ソウルの南に隣接する京畿道《キョンギド》へと引っ越し、住居の問題は解決した。解決したと書くと、家を買ったと誤解されるかもしれないが、そうではない。住居を提供してくれる職場で働きだしたのだ。築三十年ほどの古くて狭い低層マンションだったが、清潔でこぢんまりとしていて三匹の犬と暮らすのには問題がない。そうこうするうちに、また自分のお金で家を手に入れなければならない状況になった。他の人たちはマイホームを購入する話をしているのに、私はそこそこの賃貸物件に暮らせるだけでもありがたい状況だった。

そうやって、現在住んでいる家を手に入れた。古い高層マンションで、毎月家賃を支払うタイプの賃貸ではなく、預けた保証金から家賃にも充当されるタイプの賃貸だが、この家が気に入っている。たくさんの蔵書を寝室に保管できるし、せんだって父が亡くなったため独りになった母が使える部屋もある。何よりも日当たりが良い。リビングに座り、陽が射し込む床にボールを投げると、走ってきた三匹の犬がボールを取り合って大騒ぎになる。そんな光景を見ているのが幸せだ。

それなのに、家について再び考えるようになった。思えば、経済的余裕がなかった幼少時の我が家は、四人が生活するには狭かった。明け方に起きて練炭を交換している母の姿がおぼろげに浮かんでくる。それでも、不便だと感じることはなかった。学生寮にいたときも、五、六坪もない部屋で自炊をしていたときも、特に不便ではなかった。気にならなかった。

住居のことを気にするようになったのはいつのことだろう。天井知らずの勢いで高騰する賃貸物件をソウル市内で探し回っていたころ、ソウルの高級住宅街の高層マンションに自分の家を所有する友人が、固定資産税がものすごく高い、と文句を言っているのを聞いて複雑な気分だった。犬を飼ったらだめだという言葉を聞くときや、「女性がひとりで住むのに、こんなに大きな家が要るの？」と訊いてくる大家に会ったときも（部屋が二つにリビングがあるだけの家だったのに）。そんなときは不快だし、自分の家があればと思うのだった。

本当に家を所有しなければいけないのだろうか。ある記事で読んだのだが、三十代の韓国人の40パーセントが家の購入に借り入れたお金を返済するのに、収入の40パーセントを支払っているそうだ。40パーセントと言えば半分近くになるが、借金を返すのに収入の半分を使ったら、いったいどうやって暮らすのだろうか。そんな思いが浮かぶ。心おきなく楽しく、幸せに暮らすために、無理してローンを組んでマイホームを購入したというのに、いざ住んでみると、ローンの返済のために生活に困窮したり、すさんだりしたら、元も子もないという思いが浮かんだ。

まるで卵が先か鶏が先かの論理だ。家がないと安定した未来を描けないと信じて家を購入しようとするが、実家が裕福でもないかぎり、貯めてきたお金だけでは足りないので、無理をして住宅ローンを組んでマイホームを手に入れる。皮肉にも、ローン返済のために財布のひもを締めて暮らさなければならない悪循環になってしまうのだ。それでも、とにかく決心をしてローンを組み、住宅の分譲に当選して購入できるのは、扶養家族がいる世帯主だ。

シングルは老境に入るまで政府が提供する分譲住宅に応募する資格がない。住宅ローンを組むのも通常では難しい。もっとも、住宅問題が深刻な問題になっていると言うのに、シングルに独身税を課そうと言っている現状で、政府がシングルのために対策をしてくれるはずはないだろう。シングルの住居に対する対策は、政府が真剣に検討すべき問題の一つだろう。政策的な対策がなければいけない。しかし、何も変わっていない。

私はもう一度考えてみた。家とは何なのか、と。韓国人にとって家とは資産運用の主要な手段だ。言うまでもない話だが、家は資産運用の手段ではなく、人間の基本的生存要件の一つである「衣食住」の「住」を解決する主たる手段だ。つまり、生活必需品のようなものであって、目標ではないということだ。

お金もないのに家を手に入れようとあちこち見て回りながら、私にも家があればいいとは思ったが、今の私の年齢や収入などを考えると、現実的には今後も家を購入できないだろう。それならば対策は？　持ち家でなくてもいいという考えに傾いていく。保証金を上げてくれと言われることも考えられるし、いろいろと不安な状況が生まれるかもしれない。人生はつねに予想どおりにいかないし、計画どおりになるものではない。ひょっとすると運が良くて、同じ賃貸住宅で十年過ごせるかもしれない。それだけ長く住んで愛着が湧いたら、もう自分の家と同じではないだろうか。

家を購入するための財テク情報は無数にある。私は個人的にそうした情報に関心がない方だ。なぜならば、そうした情報は私の人生において優先順位が高くないからだ。

シングルの女性の多くが漠然と生きている。「私も家を購入できたらな」と考えながら、目標ができたら情報をたくさん集めて、財テクプランも立てなければいけない。心穏やかに過ごす老後のために、「マイホーム購入」が本当に必要不可欠な要素だと考えるのなら、購入すればいい。しかし、そのためにいま我慢したり犠牲にしたりすることの代価が大きすぎるようであれば、考え直したほうがよい。未来のためならば、ある程度の不便や困難を我慢するのは当たり前だとは思うが、我慢できる限界は人によって違うので、各自で決めるのがよいだろう。

過去半世紀にわたる韓国社会の変化をよく見ると、私が円熟した老年期に入る二、三十年後は、現時点では想像もできない変化の時期に立っていることだろう。そのころは住居の概念もかなり違っているのではないだろうか。

かならずしも一人で暮らすマイホームだけが、私を幸せにしてくれるわけではないと思う。最近は二世帯住宅が流行《はや》っているように、一緒に暮らしているが一緒に生きているわけではない住居の形態もありうる。共同体の形態も考えられるし、ソウルでなく地方の小都市での暮らしも良いだろう。いくらでも対策は考えられる。

現在の視点で眺めてみて、ソウル市内で住宅を手に入れるのがもっとも安全だと考えるのであれば、しかたない。そのために喜んで犠牲を払い、我慢すべきことは何か、よく考えたうえで優先順位を決め、それに従って生きなければいけない。しかし、別の方法もありうるし、対策を社会がつくりだすこともできるし、社会でつくりだせるように私自身が動き出すことも考えられる。小さな個人の力は集まることで、大きな変化を起こすものだからだ。

ひとりで生きるということは、自由だということだ。そして、その自由さにはつねに責任が伴う。住居に対するロードマップ。他の人が描かないロードマップを描いてみよう。すべての人にとって安定性だけがもっとも価値があるわけではない。ひとりで生きる人に責任が伴うのは、変化に対して門戸が開かれているからであり、それは自分だけの明確な人生観や目標を立てるということだ。

住居のためのロードマップもそうした人生観や目標を土台にして作られるのであれば、マイホームの購入のために財布のひもを締めて財テクをする生き方も、賃貸住宅でゆったり暮らす生き方も、各自の人生に意味が与えられるのなら構わないと思う。

3 一人暮らしなのにお金が貯まらないのはなぜ？

「一人暮らしだから貯金できているんじゃない？」

友人にこう言われたが、適当に笑ってごまかしてしまった。もっともな言葉だ。一人暮らしなのだから、貯金ができているはずなのに、なぜ通帳の預金額が増えないのかわからない。賃貸住宅を手に入れた保証金、博士号を取るまで勉強した学費のせいもあるが、お金を貯められない理由があるのかと言われれば、あるのだ。

とにかく、私の通帳には老後のための十分な金額がない。十分という基準は人によって違うだろうが、一人暮らしだと言うと、たいていの場合しっかりと貯金できていると考えるようだ。もちろん一人の稼ぎで三人、四人が生活するよりは、一人で稼いで一人で暮らしているほうが、相対的に収入が多いのは事実だ。しかし、そう見えても問題は最終的に管理にある。どうやって使い、どうやって貯めるかという。

私は財テクにさほど関心がなかった。と言うより、財テクというものがまるで地球の反対にある国の言葉のように聞こえていたのだ。じつは、一か月働いて一か月暮らせるだけの稼ぎしかなく、下手すると赤字になりかねないのが悩みだったので、財テクなどという言葉は私の辞書にはなく、ほとんど実用性がない単語だった。

しかし、年を取るにしたがって少しずつ思うようになったのは、一歳でも若いときに貯金に関心をもつべきだ、貯める練習をしておくべきだ、ということだ。たとえ少額でも、計画的に節約した貯金で投資をした友人たちは、同じぐらいの収入なのに社会人生活十年目で、私より良い生活をしているように見える。そこで最近、シングルで生きるつもりだという後輩たちに、お金の管理をどうするのか自分なりのノウハウをつくったほうが良いと、もっとも現実的なアドバイスをしている。

特に女性は四十代が目前になると、それなりの専門職か、企業で実力を認められて絶対に残ってくれとでも言われないかぎり、収入アップを見込むのは難しい。私のまわりには、四十代で会社を辞めて、次の仕事を見つけようとしたものの想像以上に再就職が難しく、絶望したり戸惑ったりしている人たちが多い。

それまでにそれなりに蓄えておいた貯金で、一年ぐらいは頑張ってみようと思っても簡単ではない。首都圏に自宅を所有しているのでなければ住居の問題も難しいうえに、すでに四十代ともなると毎月の固定費も少なくない。節約するだけでは解決できないのだ。

世間は柔軟な働き方などと言いながら、終身雇用はなくなり、収入はある時点から上がらなくなるばかりか減りはじめる。しかし、使うお金は減らせなくなる時が来る。そのため、社会人生活が始まったら、人生に対する経済的なタイムラインを決めるのがとても重要だ。

どんなことであっても、すべての人に一律に適用できる法則のようなものがあるとは思っていない。そのため、資産運用をするのにも、これが正しい、あれが正しいと断定して推薦するのは簡単ではない。ひとりの人生においてもっとも大切なのは、自分で探し出し、比較をして、決定をするという、人生に自ら責任を負う姿勢をもつことだ。

個人の性格によっては、多少のリスクを冒してでも、収益率が少しでも高い投資を望む者もいるだろうし、安全性を求めてリスクを最小化し、通帳にコツコツと貯める人もいるだろう。株式や投資信託などを勉強して、資産を増やそうとする人もいるだろうし、関連資料も山のように出ている。何よりも持ち家がいちばん良いだとか、不動産ほど安全な投資先はないと考えて、競売や不動産投資などに関心をもったり、投資を試したりもできるだろう。より良いのはこれだ、と断言するのは難しく、私にはそれだけの知識もない。

ただ、提案したいのは、自分がどんな性格なのかをよく把握して、財産を増やそうとする理由と、どこに目標を置くのかを確認することだ。そのための予定表を作成し、最初は専門的にサポートしてくれる人に手伝ってもらうとよい。

「老後に使えるぐらいの資金さえあればいい」

「多くなくていいので、お金の心配をしなくてもいいぐらいのお金がほしい」

「国民年金はきちんと支払っているから、それでなんとかなるだろう」

こんな感じの漠然とした考えでは、経済力のある老後に備えるのは絶対に無理だ。かならず結婚をしないといけないわけではない。しかし、ひとりで生きると決めて実践しようとするならば、多くの人が「一に経済力、二にも経済力だ」と言う。もっともな言葉だ。

いずれにせよ、現代の資本主義社会において経済力はとても重要だ。もちろんそれは個人だけの問題ではなく、社会全体の福祉システム、賃金構造、労働市場などの要素が合わさって形成されており、また、今後解決されるべき課題でもある。しかし、こうした問題は構造的にマクロな視点で議論されなければならない。私たちはいずれにせよ、個人として何ができるか、を考えよう。

二〇〇〇年代になっても、結婚は女性にとって終身雇用だという考え方があり、結婚そのものが女性のための福祉システムだと考えられていた。しかし、時代がすでに変わっているのは、言うまでもない。女性も男性同様に社会を構成する一員であり、労働の対価として、経済活動を行う空間をつくりだしていく権利がある。

女性も賢明に、しっかりと、したたかでなければいけない。ただお金をやりくりして節約をするのではなく、もっと積極的に十年後、二十年後、三十年後の人生を描きながら、具体的な目標のあるファイナンシャルプランを準備し、それを実行するには今から何を実践すべきか、専門家たちのコーチングを受けて、進めていこう。

最近はそうしたコーチングを受けるのもそれほど難しくなく、サポートしてくれる専門家たちも数多くいるので、一生懸命に探し、学び、実践し、責任を負いながら、堂々とした人生のオーナーになろう！　それこそが真に自立した大人の人生だ。

4　簡単だけど難しい家計簿

幼いころ、学校の休みに出された宿題をいっぺんに片付けた記憶は誰にもあるだろう。

私は『探求生活』世代なので【『探求生活』は、一九七九年から約二十年にわたり、小学生の夏休みの宿題として使用されていた。テレビを視聴しなければ理解できない個所もあるうえに、放送日はソウルに合わせてあったため、地方の児童への負担が大きかった】、夏休み、冬休みが終わるころになると、一生懸命に『探求生活』を終わらせようとして、へとへとになったものだ。

『探求生活』以外にも、片付けなければいけなかった宿題は日記だ。文章を書くのが好きだったし、得意だったのに、なぜか日記は書けなかった。休みも終わりごろになると、集まった友人たちと一緒に座って、日記を書いた。天気がどうだったのか、互いの経験を順番に話しながら。大人になってからも日記はなかなか書きつづけられなかった。どうにかこうにかひとりで文章を書いたり、何か書き散らしたりはするものの、日記を書くのは難しかった。

言い訳がましいが、何かをルーチン化して、毎日繰り返していくのが私にはとても難しい（もちろん難しいと思わない人たちもいる。そういう人たちは、たいていずば抜けた優等生か、性格的にちょっと強迫的な傾向がある場合が多い）。しかし、社会人として生活しはじめ、自力で生活費を稼ぐようになってからは、毎日続けるのが大変なことが、もう一つ増えた。それが家計簿だ。

実のところ、当初は家計簿を付けるなんて、どうでもいいと思っていた。毎月の稼ぎは雀《すずめ》の涙ほどなのに、出費はいつもそれを超えそうで、実際に出費が収入を上回ることも多かった。貯金が増えていく実感でもあれば、家計簿を付ける楽しみもあるだろうけれど、つねに一勝もできないゼロゲームなので、家計簿を付けようなんて考えもしなかった。そして、もともと数字に強くないうえに、毎日、何かを繰り返し行うのも苦手なたちなので、家計簿までルーチンに加えたくなかった。実際、入ってくるお金と出ていくお金がはっきりしていたからでもある。

そうやって社会人生活一年目が過ぎると、初年度よりは少し収入が増え、頭の中であれこれ想像すると、貯金できそうな部分が生まれてきた。そこで、今月末にはいくらかお金が貯まっているだろうと思うのだが、通帳は給料の停留所にすぎないと思えるほど、お金がなかった。カードの支払い、保険料、光熱費、通信費、家賃といったものが稲妻よりも早く駆け抜けていき、通帳はあってもなくても同じで、虚《むな》しかった。なんでこんなことになるのだろう。

毎晩、母は家計簿を付けていた。本当に百ウォン、二百ウォンという単位まで。収入は十分ではなかったものの、とても貧しいわけでもなかった。必要なものは買っていたし、食事もちゃんと食べていたし、服も良い物を着ていた。今考えると、母の家計簿のお陰ではないかと思う。

当時の大人はみんなそうやって暮らしていただろうし、うちの母親に財テクの手腕だとか、家の売買で財産を増やすような才能があったわけではない。多くはない父の給料だけで二人の子どもを学校に行かせるのも、簡単なことではなかっただろう。それでも、成し遂げている。二人の子どもを大学まで行かせれば、親の役割は十分に果たしたはずだから、母が誇らしい。

どうしたらそんなことができたのだろう。魔法を使ったわけではないはずなのに。母に聞いたことはない。ただ節約をして、無駄遣いしないように暮らしたと言うに決まっている。それが家計簿の力ではないかと思う。私が何をしていて、優先順位が高いものは何で、どんな計画を立てているのか、といった情報が数字からわかるのだ。大した情報ではないように見えても、最終的には一つの家庭の家計をやりくりする基準になるのではないだろうか。

私はそうしたわずかな基準の力を信じていなかった。もともと幼いころから、お金が入れば欲しいものをまず買わないと気が済まなかった。何日もお金がないのを心配することよりも、欲しいものに対する欲望が私を強く惹《ひ》きつけた。なんとかなるだろう、という気持ちもあった。

ところが、自分ひとりで稼いで生活をやりくりし、自分の将来に備えなければならない時点に立つと、そうはいかなくなった。貯金をするどころか、一瞬で借金まみれになりそうなときがあった。特に贅沢をしたわけでも、何かをたくさん買ったわけでも、給与の半分を積み立てに回しているわけでもなかった。それなのに、お金は貯まらず、赤字が増えていった。気持ちを入れ替えないといけない。その時に選択したのが、家計簿を付けることとクレジットカードを捨てることだ。

私は財テクについてなんの情報ももっていなかった。そうこうするうちに、やっと個人のファイナンシャルプランを立ててくれる人に出会った。正式にお金を払ってプランを立ててもらうのではなく、チップを渡す感覚だったが、ファイナンシャルプランナーのアドバイスのなかで、実際に行うのがもっとも簡単そうでいて難しいのが家計簿を付けることだった。

私のように、いつも頭の中で何かを思い描くだけの人間は（私は性格的に具体性に欠ける、きわめて理想主義者だ。そして数字恐怖症だ）、正確な数値で表示され、目に入ってこないかぎり、何が入ってきて、何が出て行ったのか、一生わからないだろうという忠告だった。

一理ある。いくら少ない収入であっても、それで生活しているわけだから、お金の出入りに対して計画性がなく、コントロールもできていないのは無責任だと感じた。出入りする金額がわかり切っていても、これといって記録することがなさそうでも、数字で明らかにしてみよう、自分の目で確かめよう、と決めて家計簿を付けはじめた。

ところが、問題はクレジットカードだった。特に、無利子分割払いで支払った金額は、これが借金なのか、今月使った金額なのか、訳がわからなくなりはじめた。それでなくとも、数字恐怖症の私がクレジットカードでの支払いを整理するのは、じつに難しかった。「ならば、クレジットカードを使わなければいいじゃない。一か月に何百万ウォンも稼ぐわけでもないのだから、デビットカードを使おう」とシンプルに考えることにした。そこで、クレジットカードではなく、デビットカードを一枚だけ持って歩きはじめた。

ときどき、デパートで起こる衝動買いの対象の一つに靴がある。ある日のこと、口座にお金がまだ残っているとばかり思って、オーダーメイドの靴を、試着用で履き心地を確認してから注文し、いざデビットカードで支払おうとすると足りなかった。一瞬悩んだが、ごめんなさいをして店舗から出た。あの日、クレジットカードがあったら靴を買っていたと思う。もちろん、残額を事前に調べていなかったのも情けないが、こんなふうにして私の消費スタイルは少しずつ変わっていった。

デビットカードを使う長所の一つは、家計簿を付けなくても、家計簿代わりになることだ。公共料金、家賃、保険など、定期的に使う通帳が一冊、生活費として使う通帳が一冊。デビットカードは生活費通帳としてだけ使っている。それぐらいが私にできる精一杯のことだ。もっと几帳面《きちょうめん》に仕分けをして、計画的に管理するのは、私には不可能だ。そのぐらいで満足することにした。

そうやって生活をした結果、たくさん貯金できたか？　ぜったいに「ノー」だ。お金が貯まればいいな、とつねに思ってきたが、残念ながら私の人生では一度もお金が貯まったことがない。痛切にわかったのは、もっと一生懸命に家計簿を付けて、収入と支出に対して計画と管理をすべきだということだ。

収入が多くても少なくても、実際の収入以上に使って生活することはできないので、計画を立てて管理するのが、人生に対して大人がとる責任の基本の基だと考える。これ以上、経済的に親の世話にならず、誰かに愚痴をこぼさないようにしたい。

もちろん生きていれば、想定外のさまざまなことが起きる。そうした例外的な瞬間には適切な対応をすればいいが、今日や今月という時間のなかでは、自分の生活規模に応じて責任を取らなければいけない。そのもっとも基本的な方法が家計簿であることは、私たちはすでに何度も耳にしているし、その重要性も理解していることだろう。問題は、実践するかしないかだ。知識を得たことを、どうやって実践するかが、未来の十年をつくる始まりになると言えるだろう。もちろん十年後に生きていればの話だが。

5

私のための贈り物、旅行はひとりが最高！

ある年の夏、友人たちと休暇の計画を一生懸命に立てていた。ところが、なかなか予定が合わない。

だめだ、ひとりで旅行しよう！

その日の夕方には、翌週に出発する五泊六日の済州島《チェジュド》旅行のチケットを購入していた。飛行機のチケット、初日に滞在するホテル、レンタカー一台を予約し、小さなキャリーバッグを引いて、済州道にひょいと降り立ち、済州島一人旅行を満喫した。一日中、サリョニ林道【杉などの手つかずの自然がある林道で、「済州の隠れた秘境三十一」に選ばれている】を歩き、離島の牛島《ウド》にも行き、絶景で有名な岬ソプチコジ（渉地岬）に近いホテルでゆっくりと起床した。ランチをとり、本を一冊読み、午後になってからゆっくりとソプチコジへと向かった。ひとりで散策を楽しみ、セルカ棒で写真も撮り、カッコ悪いけれど、他の人に写真を撮ってくれと頼みながら、ソプチコジの道を歩く。

観光客の姿も徐々に少なくなってきたので、急いで岬から戻ると、私が車を停めておいた場所ではなかった。正反対の場所に降りてきてしまったのだ。ソプチコジ旧駐車場だ。人もほとんどいない。アプリを立ち上げて見ると、反対側に行くのには一時間半は歩かないとならない。なんてことだ！　陽は沈んでいて、一瞬うろたえた。警察を呼ばないとだめかもしれない、悩んだ末に配車アプリでカカオタクシーを呼んだ（当時はいまほどカカオタクシーが有名ではなかったので、どうしてそんな考えが浮かんだのかわからない）。

タクシーの運転手は、私の車がある駐車場まで行きながら、「いやぁ、お客さんも見知らぬ土地で度胸があるね、何かあったら大変だよ。うちの娘だったら、足の骨を折ってやってたよ……」と、小言の嵐を浴びせてきた。私は外国人でもないし、言葉が話せないわけでも、お金がないわけでもないのに、なんでこんな小言を聞かなければいけないのかと思ったが、運転手は私が駐車してあった車に乗るのを確認してから帰っていった。忘れられない思い出だ。

仕事の都合上、日曜日を挟んで休みは取れない。長くても六泊七日。日曜日の夜に出発して、土曜日の夜に帰ってくるのが最長だ。だから、西ヨーロッパなどは考えも及ばなかった。日本や東南アジア、飛行機の時間がうまく合えば、なんとか東ヨーロッパまでは可能だ。

そのためか、私の旅行はいつもひとりで行くことが多い。外国もひとりでよく旅行してきた。カンボジアのアンコールワットでは、城壁であぐらをかいて、夕焼けに染まっていく空を見上げながら、一、二時間過ごしたこともある。買い物はそれほど好きではないせいか、どこに旅行に行っても、その土地の自然を眺め、自然の中で過ごしている。また、好き嫌いがあるので、食べることがそれほど好きではないのだけれど、現地の食べ物はかならず試してみるようにしている。それ以外はほとんど何もしないタイプだ。旅行はいつも胸がときめく。

旅行に出かける頻度はどのくらいだろう。人を若く保つ方法には、二つあるという。一つは恋愛、もう一つは旅行だ。愛する人と一緒の旅は胸ときめく楽しいものだと思うが、ひとり旅のドキドキ感も、体験したことがなければわからないだろう。

私の旅行は二つのシステムによって作動する。一つはご褒美の旅行で、もう一つは傷心旅行だ。

戦場のような会社や社会での生活に疲れきって、座りこんでしまいたいとき、また、誰かとの関係が無残に壊れたときや、私の人生がまるで薪《まき》のように乾ききってしまい、もはや希望が見いだせないと感じたとき、訳もなく憂鬱で胸が苦しくてたまらないときは、旅に出る。自分を慰めるための旅行の大半は、計画を立てることなく、ひょいと旅立ち、近場に一泊二日旅行か日帰り、長くとも二泊三日の旅行だ。

運転が好きだからか、問題を抱えていて気持ちが晴れないときや、誰とも会いたくないときには、財布と車のキーを手に車に乗り込む。東海岸に行こうと決めたら、海辺で生き物を捕まえて遊んだり、写真を撮ったり、海岸の端から端まで歩いたりもする。旅行に一度行ったからと言って、海に一度行ったからと言って、私の人生が変わるわけではない。ドラマみたいに旅行先で運命の人に出会うこともなく、一目で恋に落ちるようなこともない。

まるで、胸ときめくことでもあったかのように、心の中にあるものをすべて海に投げ捨てるかのように、人生は果てしなく寄せては返す波のようだ、とつぶやいては、ノートに何かを書き付けた。ふらっと出かける、日常からの短い逸脱は、私の生活の中で小さな休止符となった。

私はときどきそんなふうにひとりで旅に出る。あえて、誰かと時間を合わせて、旅行先はどこがいいかと悩まない。ただ、一日か二日をすっかり空けておき、どんな新しいことで時間を埋められるかを考え、自分を振り返る機会をもつ。

時間とお金があれば、自分へのご褒美として旅行を計画するのもすてきだ。それには準備が必要だ。時間とお金がものすごく多くて、行こうと思えばアメリカだろうとイタリアだろうと、いつでも何週間、何か月もふらっと出かけられる経済力が必要だ。それだから会社員たちにとっては、年に一度ほどの海外旅行は、自分へのすてきなご褒美となるのだ。

こうした旅行をするには、節約してお金を貯めないといけない。「あぁ、旅行に行きたい。スペインがいいって言っていたっけ。スペインに行かなきゃ」と、年初に決心したのに、休暇も毎回使い果たし、飛行機のチケットも旅行の一か月前になってから調べはじめ、貯めておいた旅行の費用もないので、来月のボーナスで旅行をしようと考えているならば、ほぼ間違いなく旅行には行けないだろう。もちろん、計画を立てるのが世の中でいちばん面倒なことだとわかっているから、最低限のものだけを準備する私のような人間もいるが、ご褒美としての旅行は少々大変かもしれない。

それに、毎年というわけにはいかない。毎年、旅行代を貯めるために、他のことにはお金を使わず旅行のためにだけ一生懸命に生きる人たちも見てきた。たしかに旅行ならではの魅力はあるが、そのために日常生活を諦めてしまうのは、少々もったいない。どんなものであれ、自分にとっていちばん魅力的なものを選ぶとしても、日常と上手くバランスを取り、日常生活に影響を与えないようにするのが大切だ。

旅行をひとりで満喫しても、それが目的になってはいけない。できるだけカバンは軽く、体も軽く。ひとりの旅行では、じっくりと自分とのデートを満喫し、喜びを味わおう。旅行が与えてくれる安らぎよりも、旅行が与えてくれる新鮮さを楽しみつづけられるように努めよう。
バックパック旅行に出かけ、ゲストハウスで知らない人たちとおしゃべりをしては眠りについていた友人たちも、年を取ったら、徐々に心地よいホテルを求めるようになり、パック旅行に参加するようにもなった。個人の選択なので、どうこう言えないが、いずれにしても旅行の目的を忘れずに、どきどき、わくわくする気分を楽しむ旅に出かけよう。それもひとりで。人生にどれほど多くのインスピレーションが得られるのかは、経験した者しかわからないだろう。

私は三年以内にサンティアゴ巡礼路を歩く予定だ。六か月ほどのサバティカル休暇【旧約聖書の七年ごとに農耕地を休ませた安息年（サバティカルイヤー）に由来する、大学などの研究機関や企業で長期勤務者に与える長期休暇のこと】がもらえれば、の話だが。たくさん歩かないといけないらしいので、最近は巡礼の旅に胸をときめかせながら、ウォーキングをしている。何日間も歩く巡礼の旅への期待感で、軽く一、二年ほどお金を貯められそうだ。気軽に旅立って、心に豊かさを一杯詰めてくるすてきな旅行になることを期待して。

どのみち、人生は旅のようなものだから、私たちはみなすでに旅人なのかもしれない。ならば、いま私が歩む、この旅もときめきとロマンで満たされればと思う。

6 ひとりで病気になっても一一九番がある

おそらく老若男女問わず、ひとりで暮らしている人たちにとって最大の心配事は、突然病気になったときにそばに誰もいなかったらどうしよう、ということだ。アンケート結果などがあるのかもしれないが、ほとんど間違いないだろう。

記憶に残るドラマの一場面がある。経済力もあり、職業も社会的に高く評価されている男性が、シングルライフを満喫しているのだが、ある時シャワーを浴びようと浴室に入ると、足を滑らせて転倒し、腰を痛めて身動きが取れなくなるのだ。電話もかけられず、誰も呼ぶことができず、体は言うことをきかない。浴室の床に横たわり、どうすることもできないまま、浴室に閉じ込められている。どのように解決したかは思い出せないのだが、「あ、あんなことがありうるんだ」と思ったことは覚えている。

実際に、私にも似たような経験がある。夜の十時ぐらいから寒気がして、夜中の二時か三時には耐えられなくなった。意識が朦朧《もうろう》としていくようで、体を動かせない。両親は近くに住んでいないので呼ぶこともできず、遅い時間に今すぐ来てくれと言える友人も思い浮かばない。電話をすれば来てくれそうな人が一人、二人はいたが、そのときは電話をしなかった。病院に搬送してほしいと、自分で一一九番通報をしたのだ。

救急車が到着してもマンションのドアを開けてあげられず、救急隊は自分たちでドアを開けて入ってきて、近くの大学病院の救急治療室まで搬送してくれた。救急治療室ではひとりだったので、「付き添いの人はどこですか」と五、六回訊かれることになった。付き添いがなく、ひとりで来たことを告げ、激しい痛みで話す気力もないのに、名前や住民登録番号を伝え、ひとりで手続きをしながら悲しいというより苛立ったことを覚えている。

つらい体、朦朧とする意識の中、なんとか救急治療室の手続きを済ませて検査を受け、数日間入院をした。大した病気ではなかった。そうやってつらい数日間を過ごしたが、退院する日は途中で粥《かゆ》を買って帰り、翌日には出勤した。

そのときわかったことがある。よほど危険なことでないかぎり、ひとりで死ぬことはない。私の話を聞いていた知人の一人は、夫の出張中に出産が始まりそうになり、ひとりで病院に行ったと言う。

「夫がいるのに、ひとりで子どもを産みに病院に行く気持ちがわかる？　ひとりで一一九番に電話するほうがまだましよ」と言われた。

最近は世代を問わず、孤独死について語ることが多く、一人暮らしの人は誰でも一度ぐらいは孤独死について、漠然とした恐怖を感じている。昔のように、年を取り、病気になって、ひとり死んでいくのではなく、二十代でも三十代でも適切なネットワークがなければ、部屋の中で寂しく人生を終えることがある、とゾッとするような想像をする。

あるときは、我が国のセーフティネットがじつにお粗末に見えるのに、あるときはとても心強く感じられる。一一九番に電話する気力さえあれば、なんとかなる。それさえできない状況も訪れるかもしれない。

しかし、自分でどうにもならない天変地異など、予測不可能な状況はかならずやってくるものだ。二人で暮らしていても、家族がいても、家族がいる空間でそうした状況になるという保証はない。一人暮らしをしていて孤独死したらどうしよう、具合が悪いのに病院に連れて行ってくれる人がいなかったらどうしよう、といった心配は、まだ起こってもいないことを想像する予期不安のようなものにすぎない。そのため、こうした不安が結婚すべき理由の一つとならないことを願う。

人生百年時代という言葉が浸透しつつある時代だが、三十代後半ぐらいから身体的な不安や心配が少しずつ生まれはじめる。十年前のように徹夜もできないし、何日か無理をすると、あっという間に肌が荒れて化粧がのらなくなる。ストレスによる消化不良や胃炎が消え去ることはなく、まるでいつも一緒にいる友人か何かのようだ。

体重管理をしようと思っていても、以前着ていた服のサイズが、なんとなくきつく感じられると、ワンサイズ上を着ないといけないような気がして悩ましい。昨年はジャストサイズだったはずのスカートが、体重は同じなのに不思議とフィット感が違うようだし、鏡に映った自分を見て、いま使っている化粧品よりも高価なものを使うか悩んだりもする。

何かサプリを飲んだほうがよいのかも、何が体にいいって言っていたっけ、と調べることもある。「結婚しないでひとりで生きるのなら、せめて健康でいなければ」と、体に良いものを果てしなく購入する健康不安症などを抱えて生きるクライアントも多い。

これは一人暮らしだけの話ではなく、老化していく体をどうやってケアすべきかという問題だ。人は神秘的な存在なので、体が不調だと心までつらくなり、心がつらいと体はかならずそれを受けて、ここがつらいと信号を送ってくる。つまり、体と心は別々の存在ではないのだ。

健康に過ごすには、体も心も元気でなければならない。そうでなければ、健康な人生は送れないのだ。毎日、あなたは体のために何をしているだろうか。「ひとりで病気になったら、誰が病院に連れてってくれるんだろう」という心配と不安を前に、立ちつくしているだけだろうか。もしくは、「病気になったら、一人暮らしでも一一九番に電話して、病院に行けばいいじゃない。たいしたことではないわ。それよりも、ひとりで病気にならないように、自分の健康は自分で管理しよう」と、自ら何かを毎日実践しているのだろうか。

私がこの世でいちばん嫌いなのが運動をすることだ。幸いと言えば幸いだが、体質のせいかこれと言って具合の悪いところはないし、運動をしなくても痩せ気味の体形を維持してきた。

それでも、私なりに守っていることがある。毎日、十階以上の階段を二回は歩いて上がること。一週間に二日以上、一時間のウォーキング。体形を維持するためではない。そのくらいは体に対する礼儀だと思ったからだ。

お金も時間もないというのが、いちばん手軽な言いわけなのを、私たちはよく知っている。YouTubeをちょっと検索しても、お金も時間もほとんど使うことなく、ひとりでもできる運動やノウハウが山ほど見つかる。体をいたわるのに、いかに運動が重要なのかは、ここに書くまでもない。

大切なのは運動をするか、しないかという問題だ。不安が多い人達の特徴は、いま何かをしているわけではないのに、できない理由だけはたくさん見つけて、できることのリストは膨大なものを作成する。それでいて、「結局、私はこれができないから、こんなことが起こるのよ」と、自分を正当化するのだ。

ひとりでいるときに具合が悪くなり、倒れたらどうしよう。自分が孤独死をしたらどうしよう？　もちろん、そんなことは0・1パーセントというとても低い確率で、自分にも起こりうることだ。しかし、そんな心配をする前に、そんなことが起きないように、健康でいられるようにすべきだ。一生懸命に運動もして、自分の体が発する信号に敏感に反応しよう。

この社会が私を見捨てるようなことはないと確信しているが、そんな社会にならないように、私なりの努力をしながら生きればよい。度を過ぎるほど健康を心配する必要はない。ちゃんと健康管理ができるように、自分で守れる規則をつくればいい。そしてすぐに実践しよう。

シングルで生きることの長所の一つが、まさにそういう点ではないだろうか。やろうと決めたら、すぐに実践できる！　邪魔をするものが何もないからだ。シングルで生きるということは、徹底して自分をいたわることであり、体と心の主人として、きちんと生活に責任を負うことだ。それは健康であれ、心であれ、私のすべてに対する責任だ。

7 私にいくら投資するつもり？

「世界でいちばん良い投資先を推薦してください」

ある人が、誰よりも多く投資し、大金を稼いだ人にこのような質問をした。すると、彼はこう答えた。

「世界でもっとも良い投資先は、自分自身」

世界最高レベルの富豪であるウォーレン・バフェットの言葉だ。自分自身に投資するのが、もっとも安全な投資であり、もっとも正しく、絶対に損をしない投資だというのだ。また、もっとも長期的に利益を出せる投資だとも言っている。

過去一か月、三か月、半年、一年の支出管理表を作成してみよう。そのなかで消費ではなく、投資はどれほどになっただろうか。ほとんどのサラリーマンの支出管理表は似たようなものだと思う。住居費、各種公共料金や保険料などの固定費、外食やショッピングなどへの支出に分けられるだろう。

一か月のあいだに自分のために本を何冊買っただろうか（読んだだろうか）。この三か月間で映画、ミュージカル、展覧会など、何かを鑑賞するために支出した金額はいくらになるだろうか。また、新たに何かを学ぶために、いくら投資しただろうか。

私たちは資本主義社会に生きている。お金が流れるところに心も向くものだ。お金を使ったということは、その分野が自分の人生において優先順位が高いということだ。ところが、自分自身への投資額はいくらになるだろうか。貯蓄ではなく、再生産のための投資のことだ。

大学の教育ローンを三十代の終わりまで返済しなければならない人たちも多いことだろう。かといって、所得が一生保証されていて、安定的な収入計画を十年以上も立てられる企業に勤める女性は多くないと思う。公務員や教員になりたい人が多い理由に、こうした長期的な安定性があるのは当たりまえだ。

問題は、なりたいと言って、皆がなれるわけではないことだ。では、一般的な職場で生き残って昇進するために、または、第四次産業革命時代に自分自身がどんなプラットフォームにいて、一人で知識集約型企業【高度に洗練された知識によるサービスや製品などを提供する企業】となるには、どんな投資をすればいいのか真剣に悩まないといけない。

私は大学卒業後にそのまま修士課程に進んだ。卒業後は働きながら、もう一つ修士課程を終えて、数年後にまた働きながら博士課程に進んだ。修士課程までは、なんとか稼いだお金で通ったが、博士課程からはどうしても教育ローンを借りなければならなかった。三十歳を過ぎてからの勉強に、教育ローンまで借りるなんて切なかった。親しい友人にはこう言われた。

「この年齢で博士になって、人生がどれほど変わるっていうの？　そのお金を貯金して増やせば、老後に何年か食べて暮らせるぐらいになるのに」

たしかにそのとおりだ。韓国は高学歴のスペックをもつ人であふれかえっているのに、教授になるわけでもない私が博士課程に行くなんて、と思った。それでも、ついに博士号をとった。どんなに忙しくても時間を割いて本を読み、文章を書き、勉強をし、働く五年を過ごした。そうやって博士号を取って、何かすごいことでも起こっただろうか。そんなことはない。ほとんどの博士たちは論文を書き終えると、就活生の気分になる。

「これから何をしよう。どこからか声がかかるだろうか。どうやって生活しよう」

昨今のように、正規職が徐々に減り、ほとんどが契約社員や非正規職に転換されている時代に、人文学博士はじつにつまらない高スペック、高品質な不安定さの代名詞だ。年を取ってから勉強をするのは、現実的には収支が合わないのだ。私は大胆に自分への投資を選んだ。そしていま、その投資に対するアウトプットをお金に換算すると、むしろ不安定就労者に近い。

それでも私自身に満足している。私にとって人生の価値とは、かならずしも輝かしい優良株になることではなかったからだ。また、お金をたくさん稼いでビルの所有者になることでも、芸能人にも劣らないユーチューバーになりたいわけでも、専攻した学問の最高権威者になることでもない。学ぶことが楽しかったし、学びのアウトプットが、希望を必要としている人たちを力付け、慰めとなることに人生の価値を置いてきた。もちろん、生活していけることは大切だし、どうすれば老後の生活を快適に送れるのか大きな関心をもっている。望みどおりの老後を過ごすには、働けるかぎり稼ぐことも大切だ。

しかし、アウトプットのためにだけ自己投資をするのであれば、誤ったマイナス投資をしたことになる。私が専攻しているカウンセリングと牧会学【教会における牧師の働きについて学ぶ】という分野は特にそうだ。私が自分にマイナス投資をしていると感じずにいられるのは、自信と自尊心からだ。

「お金では私を評価できないし、有名かどうかでも評価できない。社会的地位でも評価できない」と、堂々と世間に向かって言える自信がある。私は私らしく生きよう。小さくてつまらない、ある人にとっては退屈に映るかもしれない日常でも、「私は幸せ」と言いながら生きる秘訣《ひけつ》を学んだ。それこそが自分への投資から得たプラスの成果物だ。

人生を大切にして、自信をもって堂々と生きたいと言う人たちほど、言葉だけで実践をしていない。ただそうしたいと決心するだけでは、上手くいかない。それは自らの内面に対する果てしない投資によって可能になるからだ。お金も投資しなければならないし、時間も投資しなければならない。

少なくとも給与の10パーセントは、自分自身に投資をするのがよいだろう。何か新しいことを学ぶとか、体力をつけるとか、オタ活をするとか、自分を信じて投資をしないといけない。そして、その投資は一攫《いっかく》千金を夢見る投資になってはいけない。ウォーレン・バフェットが言うには、投資法則の中でもっとも大切なのは、優良株を発掘できる目、優良株が現れるのを待てる忍耐だそうだ。そして、この世の中でもっとも優れた優良株は、私自身だ。

他人に投資をした場合、その人が成功したときに配当金をくれとは言えない。この世の中でそんなことが言える関係は、親子ぐらいだ。とは言え、最近は配当金を求めて子どもに投資をするようなことはしない。自分に収入の10パーセントを投資するのも簡単ではない。数か月もすると、重要に思えなくなってしまうからだ。それなりに生活できていると、いますぐ必要なものばかりに目が行くようになる。しかし、それでは、長期投資は不可能だ。

誰よりもよくわかっている自分自身に投資するにしても、どのような価値と結果を期待するのかを、きちんと描こう。

「きっちりと学んでおけば、いつか良いことがあるだろう」

「これをやっておけば、後々役に立つことがあるに違いない」

もちろんそのとおりだ。しかし、それではあまりに大雑把だ。あれもこれもと手を伸ばすのは、二十代、三十代初めまでだ。三十代半ば以降になったら目標をもつべきだし、その目標に価値がないといけない。有名な講師になりたいとか、ユーチューバーになりたい、自分の店をもちたい、CEOになりたいなどといった目標だ。

有名で立派で高収入である必要はない。素朴に、自分の内面を少しずつ育てていき、意味のある実りをもたらすのであれば、直接お金に結びつかなくても構わない。自分自身にかかわることであれば、充分に意味のある価値を生み出すからだ。大切なのは、自らに辛い点数をつけて、まるで上場廃止される企業の株になったかのように、つねに他の世界ばかり気にしていてはだめだ。

他の人たちが何をしているのかが気になるだけで、自己投資もあまりせず、チャレンジもできないのは、少々さびしい。生涯にわたってお金も価値も手に入れず、行動もせずに過ごし、いつの日か自分自身を落伍者のように感じるのならば、あまりに悲しく切ない。

いますぐに真剣に考えよう。収入の10パーセントを、どのような方法で、自己に、何を何のために投資するのか、いますぐにでも検討しよう。その投資によって得られる結果と配当を描いてみよう。見た目に華やかで、他人が素晴らしいと言ってくれるようなものでなく、あなた自身が満足できて、誇りに思えるものを描こう。そして、すぐに実践しよう。

8 集まりに参加したり、集まりを企画したり

時は、桜が咲きこぼれる春。テレビ、デパート、オンラインモール、あらゆる場所で「家族と一緒に」というスローガンが使われ、人を集めている。デパートでは両親への贈り物を取り揃えたセールが実施され、行きたいと思っていたレストランに行けるようにイベントでクーポンが配布される。買い物袋は、子どもたちにあげるプレゼントで一杯だ。五月はそういう月だ。

二月のバレンタインデーが終わると三月のホワイトデーが訪れ、四月には恋人がいない人のためのブラックデーがあり、五月はバラを贈りあうローズデーだ。そんな日が十二月まで毎月十四日になるとやってくるのだ。そのほとんどが二人で何かをする日だ。外国にも同様の日があるかはわからないが、とにかく大したものだ。

特にシングルとして、除《の》け者にされたような印象を抱いてしまうのが五月だ。なんとかデー、なんとか日が多いからだ。韓国にもお正月や中秋節などの名節を除き、なんとか日や法定休日が結構たくさんあるが、なぜか恋人や家族と一緒でなければならない日もある。

私はもともと何かを記念して、準備するような性格ではない。両親の誕生日も、過ぎてから思い出すし、恋愛していたころは、彼の誕生日もろくに覚えられなくて、一週間前にパーティーを開く始末だった。一緒に自炊していた親友がいるのだが、彼女の誕生日は十二月だ。二十年も付き合っているのに、十二月初めだとしか覚えていない。毎年十一月末になると、友人に誕生日を訊きなおす私のスペシャルデー忘却機能、恐るべし。何か名前が付いている日でさえ普段のように過ごし、きちんと覚えられない。

私はとても元気だし、ひとりでいるのにも慣れているが、名前の付いている日ぐらいは誰か一緒にいてくれればいいのに、と思うのはどうしようもない。特に、春と年末にそう感じるし、誕生日も同じだ。

私の誕生日は、八月にある公休日と同じだ。八月十五日。夏休みの真《ま》っ只中《ただなか》なので、学生時代も友人たちに自然に出会うことはなく、約束をしなければ会えなかった。誕生日を派手に祝ってもらうのにも不慣れだった。ところが、いつだったか、私が教会で教えていた高校生たちが誕生日のサプライズパーティーを開いてくれたことがある。まるで私が育てた子どもたちに祝ってもらっているような気がした。あぁ、母親が子どもから誕生日を祝ってもらう気分は、こんな感じなのだろうか、と涙が出るほど嬉しかった記憶がある。

教会で教えるのをやめてから迎えた最初の誕生日には、多くの人たちからバースデーカードが送られてきて、カカオトークでケーキのプレゼントももらったが、なぜか実際に会う人はいなかった。こんなことが！　おそらく、誰にも会わないで過ごした誕生日は、この年が初めてだったと思う。手のひらに落ちてきた枯れ葉が粉々になり、風に飛ばされてしまうような気分だった。あ、このままひとりで年を取っていったら、頻繁にこんな状況になって、同じような気分を味わうのか。それは嫌だ。

翌年の誕生日は、一か月前から皆に声を掛けて集まった。と言っても、仲の良い四、五名の友人だ。彼女たちを一生懸命に誘惑し、説得して、一泊二日の旅行に行ってきたのだ。楽しく、幸せな旅行だった。

旅行中に私が誕生日を迎えることを伝え、誕生日プレゼントも持ってくるように堂々と要求した。彼女たちは、ぶつぶつと文句を言いながらも、プレゼントを準備してきた。なんでこんなに多くのキャンドルをケーキに立てるのかわからない、と言いながら、ケーキにキャンドルを立てて、歌も歌ってくれた。ケーキに顔を埋めるようなもったいない悪戯《いたずら》はしなかった。

一泊二日の旅行では、レンタカーのヒュンダイ・スタレックスを運転して過ごす時間のほうが多かったが、楽しかった。一緒に過ごせる友人と過ごしたその年の誕生日は、愉快なものになった。

その年の終わりには、家で小さな集まりをもった。私はかなり人見知りで、自分から話しかけるのも苦手で、人混みもあまり好きではないが、数人での集まりは楽しい。このときは、知人だけ招待したのではなく、ＳＮＳに告知を載せた。

年末を迎え、意義のある時間とまでは言わなくても、共に楽しく、心を分かち合える人たちに集まってもらうつもりで、ある映画を選んでいた。性別や年齢に関係なく、この映画を一緒に観る人たちだ。まったく知らない人たちと過ごしたわけではないが、意外なことにあまり親しくない人たちからも連絡が来て、その年の年末は彼らとも数時間を過ごした。

私にとってかなりの冒険だった。ひとりで過ごすのに慣れていると思っていたし、記念日や年末にひとりで何かをするのに惨めさや寂しさは感じていなかった。むしろ、親しくもない不特定多数の人が集まって、一緒に食事や会話を楽しむのにストレスを覚えるほどだった。その集まりも、気楽で楽しいだけのものではなかった。しかし、そうした冒険をした自分自身を褒めた。おそらく私の人生でいちばんの冒険や実験のようなものだったのかもしれない。

今後も私はシングルとして生きていくつもりだ。イベントのある日に、他の人たちが家族と過ごす日に、ひとりでいる時間が増えることだろう。ひとりでいるのが心から嫌なわけではないが、ひとりでいたくない、そんな日もあるかもしれない。

そんなとき、私はどうすればいいのだろう。じっと座ったまま、誰かが声を掛けてくれるのを待って、ひんぱんにカカオトークの画面や、電話帳をチェックしながら過ごせはしない。横に誰かにいてほしければ、自分で人を呼べばいい。必要な集まりを計画して、みんなを呼び、心置きなくその時間を楽しめばいい。

呼ぶメンバーは、いつも同じである必要はないし、同じというわけにもいかない。私が誰かと一緒に過ごしたいと思ったときに、一緒に過ごせるように庭を準備しておくのもすてきだと思う。毎回、毎年、そうできるかはわからない。人生でたった一度だけのイベントになる可能性もある。または、毎年、いや、おもしろくなれば、四半期ごとにするかもしれない。この世は何が起こるかわからない。

いまでは興味のある内容ごとに、集まりに顔を出すのも簡単だし、自分で集まりを企画するのも簡単になった。私が会う人たちは、昔からの友人でなくてもよい。長年一緒に集まってきた人たちと会うときは、喜びや感謝の気持ちがある一方で、会ったことのない人たちとは、企画をして実際に顔を合わせるときの胸のときめきがとても大きい。

年を取るほどに、人生で経験できることを最大限に味わえるように心を開き、心の壁を取り除いていきたい。裏切られた経験、人に対して大きく失望して眠れない経験なども増えることだろう。また、それと同時に、人は信頼でき、共に生きられるのだという確信や経験も増えていくだろう。

私の人生がそんなふうに広がっていけばよいと思っている。いままでやってきたことを繰り返すだけの日常ではなく、ときには変化を楽しみ、やりすぎても大丈夫。これからも変化と羽目を外すのを楽しめる若さをもったまま、年を取っていきたい。

9 たくさんあっても不幸になるし、少なくても幸せになれる、お金

資本主義社会でもっとも大切なのは何だろうか。

人は、人生において重要な価値を単語で書いてくださいと言われると、良い言葉を多く書いてくる。ところが、最近はそうとも言い切れなくなっている。小学生たちの夢がビルオーナーだというのは、すでにかなり話題になっている。あるお笑い掲示板に、小学生た

ちが「私の夢はビルオーナーの息子ですが、うちの父はビルオーナーになるための努力を全然しません」と話しているというエピソードが登場したのだ。事実かどうかはわからないが、そんな会話があっても不思議ではない。

お金は、私たちの日常においてもっとも価値があるものになってしまった。私たちにとってお金がどれほど大切なのかはわからないが、価値あるものになったという点には疑いの余地がない。そのため人々は、ひとりで生活をしていても構わないし、夫も子もいなくても構わないが、お金なしには生きられないという言葉を公然と口にする。ひとりで生きようとしたら、一にも、二にも経済力だ、と。

間違った言葉ではないが、なぜかあまり良い気がしない。一生懸命に努力してお金を稼ぎたくない人がいるだろうか。

ちょっと前に同窓会で聞いた話だ。幼いころから勉強ができて、ソウルの名門大学を卒業し、公務員試験に合格して、いまでは高級公務員になっている友人がいる。その友人によると、学業に励んでいたころ、田舎の土地を売り、牛を売って勉強を続けて公務員となり、薄給とは言えないものの、公務員の給与で子育てをして、生活するのにも汲々としているそうだ。ところが、その友人の言葉がおもしろい。

「友人の一人は、幼いころに勉強もしないで、問題ばかり起こしていたのに、いまでは田舎の地価が天井知らずに急騰したせいで、自分の店を始めたり、いろいろな所に旅行したりして、楽しく幸せに暮らしている。自分も勉強しないで、うちの土地をとっておけば良かったのに失敗した」

友人を笑わそうとしたエピソードだが、一生懸命に頑張った分だけ稼げない世の中に対して、自分のせいではないが敗北感を抱くことになったのだ。

結婚三十年目を迎える女性の先輩は、ずっと市民団体のようなところで働いてきたため、十分な給料をもらったことがなかった。夫も市民団体で働いているのだが、いままで一度も百万ウォン以上の給料を家にもってきたことがないと言う。その先輩夫婦もいまでは五十代半ばを越しているが、いまだにソウルに自分の家はない。それでも二人は二人の子どもを学校に行かせて、いまも幸せに暮らしている。

お金のことでストレスを受けないのかと訊いたことがある。それほど受けないという回答だった。あるだけ使えばいいのだと。いま以上に何かをしようとしたり、もっと良い物をもとうとしたり、訪れてもいない未来に対して不安に思うから、ストレスを受けるのだそうだ。ある分だけを大切に使い、貧乏くさい、みすぼらしいと感じないように生活すればいいのだとも。

不思議な夫婦だ。それだけでなく、私が急にお金に困ったときに、貸してくれたことさえあった。

ひとりで暮らす友人は、ある日、あと五年で解放されると言ってきた。高校卒業後、そのまま公務員試験を受けて、末端公務員として働きはじめたが、もうすぐ定年を迎えるそうだ。ひとりで暮らしながら、上手にやりくりをして、家も自分名義で一軒所有していて、定年になったらもらえる年金で充分に暮らせると言う。三十年間、うんざりするような人生を、定年を待ちわびながら生きてきたそうだ。退職と同時に、自由に向かって飛び立てると喜んでいる。何をして暮らすのかと聞くと、これからゆっくり考えるそうだ。しかし、仕事はもうしないつもりだと付け加えた。

人の生き方やお金を稼ぐ方法は、それぞれ違う。稼いできたお金を使う方法も違うし、どれほどのお金が人生に必要かも、人によって考えが違う。すべての人にとって、お金は多ければ多いほどいいのは間違いない。しかし、そのお金のために犠牲にしなければならない、人生の対価が大きすぎたら？　一生懸命に働いてお金を稼ぎ、貯めたのに、結局、手元に残るのがお金だけならば？

もちろんひとりで生きる女性だからと言って、お金をたくさん貯められるわけではない（「たくさん」の基準は人それぞれだけれども）。一人暮らしの女性だから、かえってお金をたくさん貯められることもある。大切なのは、私の人生の目標と価値のためには、どこに向かって進めばよいかだ。

ひとりで生きる女性ほど、つつましやかに生活し、賢く消費し、こつこつと財テクをして経済力をつけるべきだと、私は考える。自分の人生ゆえに、大人として生きるのであれば当たり前のことだから。

ところが、それだけが人生の楽しみや目標になってしまうのであれば、考え直したほうがよい。お金をたくさん稼いで、たくさん貯金をして、自分がやりたいことは何かをよく考え、目標を立てないといけない。手に入らないものばかりだと、現実の自分だけが惨めになっていく。

世の中には、競売で収益をあげる方法、株で儲《もう》ける話などなど、成功の蜃気楼《しんきろう》がいつも目の前に広がっていると教えてくれる本が数多くある。あの人みたいにやれば、すぐに金持ちになれるような、成功できるような気になる。この人のやり方も試し、あの方法も試してみる。しかし、どうだろう。ほとんどの結果は、どんどん貧乏になるような気がする。なんで、私はだめなんだろう……。

いや、だめなのは私ではないはず。ただ、どの水準になったら、「このくらいで十分」と言うべきなのか決められなかったからではないだろうか。

人の欲望には終わりがない。もっと手に入れたいし、もっと楽をしたいし、もっとすてきになりたい。そんな欲望をとがめることはできない。ただ、欲望に振り回される人生でいいのか、きちんと考えられているのか、自分を見つめつづけなければいけない。そうすれば欲望に振り回されず、健康的になれる。また、目標までの距離を客観的にとらえて、実際に到達できるような目標設定をすれば、実現できるようになる。

お金は大切だ。必要だ。しかし、それが私の価値や幸せを決めるわけではない。いくらお金がたくさんあっても不幸になるし、お金がなくても幸せになれる。もちろん、その反対もある。これが、平凡な人生を生きる私たちにお金が与える効用だ。一生懸命、幸せに一日を生きること、静かに感謝し一日を生きること、私が手にしているものがどうやって自分を満足させているのか、また、必要以上を求める欲で自ら苦しめている自分自身を、よく見つめなければいけない。

これからひとりで生きていくあいだにどれほどのお金が必要なのか、具体的に計画を立てるのはよいが、欲張りすぎないようにしよう。計画を達成するのに追われて、身動きが取れなくならないようにしよう。もっと、もっと年を取ったときに、この国がもっと良い国になって、まぁ、半分ぐらいは老後の面倒を見てくれるようになると信じて、そうした社会にしていくためには、どのような貢献ができるのか、一度考えてみよう。

稼ぐために働くのではなく、自分の努力に対する正当な対価として（もちろん、その対価が少なすぎると考える人が大半だが）手に入れるのがお金だ。だから、汗水たらして働いている自分自身に満足して、自分の価値や幸せをお金と結びつけすぎないようにしよう。

私は自分が手にするお金よりもはるかに価値がある人間だ。決して自分が手にする金額の多寡で評価される人間ではない。私の目標は、お金を貯めることではなく、いかにお金を有意義に使って生きるかにあるのだ、と覚えておこう。

10 一年に一度、最期の日を迎えたと想定して書く手紙

幼かったころ、教会の修養会で遺書を書いた記憶がある。中学生のころだろうか、初めて書いたのは。そんな年齢の子どもたちに、なぜ遺書を書かせるプログラムを準備したのか不思議ではある。共同体訓練というものが流行っていた時期で、いまみたいに多様なプログラムをつくるのが難しかった時代の話だ。

それだから、感受性が豊かな時期の子どもたちが、電気を消した暗闇の中で一本のろうそくの明かりだけを頼りに、自分の死について文章を書くことは、かなり彼らの心を動かしたことだろう。いちばん多感な時期に、世の中のあらゆる問題を自分ひとりで抱え込ん

でいるかのように、自分こそが世の中の悲恋のヒロインかのように、何か胸に込み上げるものがあるかのように、子どもたちは真剣に遺書を書いていた。

そのうちに、誰かの泣く声が聞こえてくると、その泣き声は隣へ、隣へと広がっていった。おもしろい記憶の一つは、高二か高三のころに、そのときも教会の修養会に参加していたのだが、また遺言状みたいなものを書く時間になった。なんでそんなことをしていたのだろうか、とても仲の良かった友人一人と私は、ぽかんと座ったまま、何を書くわけでもなく、しくしくと泣きはじめた友人たちや後輩たちを眺めていた。

そして、友人と「もう、前みたいに胸に響かないんだよね。中学生ならまだしも、成長したからか、あまり関心ないなぁ」と話していた。高三、十八歳。ほぼ大人と呼べるぐらいに成長し、こんなのは中学生の子たちがやることだと思っていた年齢。あれからかなりの月日が流れた。当時の自分には想像もできないぐらいの年齢になった。

すっかり忘れていた遺書作成プログラムを、カウンセラー訓練プログラムで再び体験することになった。二十四時間後に死ぬとしたら何をするか、時間帯ごとに記録して、遺書を書くのだった。十五人ほどが参加していた集まりで、明かりを消さない昼間に書き、聞こえてくる音楽すらなかった。

人々は、淡々と白紙に自分の話を書きつづけていた。そして、書いた内容を一人ずつ淡々と読み上げていった。幼いころに見た光景と同じように、読み上げる人たちは、ぼろぼろと涙をこぼし、聞く人たちもシクシクと泣いていた。二十四時間の行動と遺書を読むのに、なぜあんなに泣けるのか戸惑いもあった。

もちろん、明日は訪れるし、来週も、来月も、そして来年もやってくるだろうと疑わず、未来の前に自分が立っていると錯覚している。いつも何かを計画し、まだ訪れない未来を襲うかもしれない危機を思い、不安になるのは私も同じだし、多くの人たちもそんな日常を送っていた。しかし、二十四時間後に死ぬとしたら、私はその二十四時間のあいだ、何をするのか、誰と共に最後の時間を過ごすのか、人生に残された多くの痕跡《こんせき》をなんと説明するのか、考えたことがなかった。

それからは毎年どこかの日に、私の最後の二十四時間を記録し、遺書を書くことにしている。遺書と言っても、たいそうなものを書くわけではない。ただ、愛する人たちに、愛している、ありがとう、と伝え、私はこの人生をこれほど愛していた、と書く。

ところが、何度目かになると、具体的な内容が少しずつ加わっていく。最初は自分の葬式はこんな感じでやってほしいという言葉を付け加えていた。騒々しくなるようなことはないと思うが、三日間もやらなくてもいいし、死に装束は着せなくてもいい。高級なお棺などは要らないし、風通しの良い山で樹木葬にしてくれればいいと書いていた。

その次になると、飼い犬に関する内容が加わった。犬を三匹飼っているので、誰々に犬の面倒を見てほしい、といった内容だ。その次の年には、書斎にかなりたくさんの本があるが、こんなふうに片付けてほしい、私が使っていた物はこうやって扱ってほしい、という内容も加わった。さらに、その翌年には、私の財産に関する内容も加えられた。蓄えもないので、財産と呼ぶのも恥ずかしいが、とにかく私の所有物にはこういうものがあって、保険はこういうものに入っていて、通帳はどこどこにあって、どんなパスワードで、もし誰かにあげられるなら、こんなふうに使ってほしい、といった内容だった。

最初は、感傷に浸ったり後悔したりするばかりだったが、月日が経つほど生活に密着した具体的な内容になり、どうやって私の人生の痕跡を消すべきか、といった内容が増えていった。これから何年か後もこの作業を続けていたら、私の人生は鮮明になり、きちんとさせるべき人生の役割がはっきりとすることだろう。

このように一年に一度、最期の日を迎えたと想定して遺書を作成することを、定期的に行っている。人生は適切にカンマとピリオドを打つのがとても大切だ。以前、歌を習ったときに、先生がこう言っていた。歌の80パーセントは発声と呼吸だが、それはどこで息を吸い、どこで息を止めるか、巧みに使い分けることだと。

人生も同じだ。長い人生の旅路において、上手くカンマやピリオドを打つことが、歩みを止めずに人生をしっかり生きる方法だろう。これが既婚、独身を問わず、自分の人生に責任を取る態度だからだ。

人間はつねに「死」に対する不安と闘わなければならない存在だ。私たちのほとんどが、特別なことがないかぎり、死は遠い未来の、漠然とした不安ぐらいに思っている。決して死について深く考えはしない。しかし、人生はコインの表裏のように生と死で成り立っている。コインの両面を別々にしたら一枚のコインではなくなるのと同様に、人生も生と死を切り離して考えることはできない。

いずれにしても、生きるとは一歩ずつ死に近づいていくことだ。それを忘れずに生きることは、生きている今日に感謝し、一生懸命に生きるという約束でもある。どんなことでも最後だと言えば、やるせなく、名残惜しく、もっと上手くやりたいと思うし、後悔するものだ。

もし、なんらかの理由で十年後に死ぬ日が定められていて、それがわかったとしたら、人生の過ごし方が少しは変わるだろうか。かと言って、あらゆる瞬間、死を不安がる必要はない。カンマやピリオドを打ってみようというのは、死に対する不安を強めようというのではない。むしろ、自分の人生において、未来に希望を抱き、良い未来を創ろうとする態度でいようというのだ。それこそが今日という一日を生き、死に向かって歩みながら未来に備える人生に責任を負うことだ。

私はそうやって最後の二十四時間を記録し、遺書を書きながら気がつくことがある。私にとって大切なものは何か、何を残念に思っているのか、何をもっとやりたいのか、どこに無駄なエネルギーを使ったのか、何に執着していたのか、これからどんな人たちと会いたいのか、どんな人たちと一緒にいたいのか、そして、何よりも私の人生においてもっとも大切で、意味のあるものが何なのか。そうしたことを考えながら一年を振り返ると、これからの一年、三年、十年をどう過ごすべきか方向が定まる。

そして、今日という一日を、最善を尽くして幸せに生きようとする力になる。私は信じている。そうやって積み重ねていく一日、一日が出会わせてくれる、人生のあらゆる瞬間が満ち足りたものになることを。また、そんな人生のあらゆる瞬間においてコインが裏面になり、予期せぬ死を迎えることになっても、恨めしくは思わないだろうと。

私が人生の折々で適切に使ってきたカンマとピリオドに挟まれた文章は、大した内容ではないけれど、少なくとも赤ペンだらけになるほど修正したい内容ではないと思う。それならば、それで満足だ。

多くの女性たちの生き方からチャレンジを受けている。
彼女たちの共通点は、現在やっていることに
満足していてもいなくても、
何をしたいのか、どんな生き方を夢見てきたのか、と絶えず問いつづけ、
それに対する答えを求めながら、
実行する人生を送っているということだ。

女性が自分の仕事をもつのは
当たり前のことだ。
どうせなら、
生涯にわたって胸がときめく
仕事をつくっていくほうが
良くないだろうか。

第6章

不安はあるけど一緒だから楽しい私たちのゆるい連帯

1

お金の力vs.関係の力

崔仁哲《チエ・インチヨル》教授は、『グッドライフ』（未邦訳）という著書で興味深い実験を行ったことを記している。売り場にいる買い物客が、品物を入れるショッピングカートを押して歩くように、私たちは人生という売り場で、経験を入れる経験カートを押しているのと同じだと言うのだ。

この経験カートには、自分だけのリストに沿って経験が入れられていくが、ときには他人のカートに入っているものが気になってのぞき込み、ライフスタイルや好みによって入れられるものが異なってくるそうだ。

そこで、崔教授のチームは、幸せな人たちは経験カートにどんなものを入れるのか、研究しはじめた。最初の研究では、ストレスを受けた後、彼らが何をカートに入れるかについて調査を行ったところ興味深い結果となった。自分が幸せだと感じている人たちは「良い人たちと過ごす時間」を選び、幸せでない人たちは「金銭的な利益」を選んだそうだ。

崔教授のチームは、さらに実験を行った。ソウル大学校の学生たちに、好きな友人と二泊三日の無料旅行ができるクーポンがあるが、いくら受け取れば旅行を諦められるかと尋ねた。その他にも、仲の良い友人たちと予定している楽しいイベントを諦める代価として、いくら受け取りたいかという質問も投げかけた。

これも結果がおもしろい。自己幸福感が上位50パーセントの人たちは、旅行を諦めるのに千六百万ウォンを受け取りたいと答えたのに対し、幸福感が下位50パーセントの人たちは三百五十万ウォンで十分だと答えた。クリスマスイブのコンサートを諦めるのに、下位50パーセントの人たちは四十万ウォンほど受け取ればいいと答えたが、上位50パーセントの人たちは、なんと六百万ウォンはないとだめだと答えた。

興味深い結果ではないだろうか。一見すると幸せな人のほうが、金銭欲が強いように見えるが、この実験結果からは、彼らが親しい人たちとの関係をとても価値があるものだと考えていることがわかる。

「これからずっとひとりでいるとしたら、何がいちばん必要か」という質問には、お金と答える人が多い。もちろん通帳の残高によって、私たちの生活の一部が助かる可能性は高い。しかし、いくら通帳残高がたくさんあっても、それを自分のためにだけ、せっせと貯めるのであれば、幼いころに読んだ『クリスマスキャロル』のスクルージみたいになってしまうのではないだろうか。もちろん私の通帳残高はそれほど多くないかもしれない。

大切なのは、基本的な衣食住がそれなりに満たされているのならば、満足できる人生をつくるのは人間関係の力ということだ。誰もひとりでは生きていけない。結婚をして血縁関係を結んだ家族がいなければひとりだ、という意味では決してない。すでに時代は、ひとりで幸せに生きていけるところにまできている。

それならば、幸せにひとりで生きるとはどういうことかを定義しなければいけない。そのなかには、健康、趣味、金銭など、さまざまな要素があるはずだが、もっとも大切なのは連帯できる人たちがいることだ。人脈管理をするみたいに、連帯できる人たちが多ければ多いほどいいわけではないが、少なくとも救急治療室に運ばれたとき、負担なく呼べる友人が一人、二人いたほうがよいと思う。

少し前に会った友人Hは、彼女が三十歳だった十年前のエピソードを聞かせてくれた。Hはワーキングビザで入国したオーストラリアで数年にわたり一生懸命働き、三千万ウォンを貯めたそうだ。三千万ウォンはいまでも大金だが、当時ももちろん大金だった。

そのお金でHは友人二人と一緒にカフェを始めた。友人のうちの一人が、少し多く出資したためカフェのオーナーになり、契約などすべてをその友人の名前で行った。幼いころからお互いによく知っている友人だったので全面的に信じていたのだが、ある日、その友人がすべてを持って夜逃げしてしまったそうだ。茫然《ぼうぜん》自失した友人Hは、夜逃げした友人を見つけ出したかったが、結局見つからず、いまも連絡が付かないと言う。

「どうやって乗り越えたの。悔しくなかったの」と訊く私に、Hはこう答えた。

「もちろん腹が立ったよ。でも、どうしようもないでしょ。起きたことはしかたないんだから。あの子にとって、どうしても必要なお金だったんだろうから。どうしても必要なのに、私に言えなかったんだと思う。時間が経ったから、大丈夫。あの子と私が過ごした時間は二十年だけど、そのあいだいろいろなことを私にしてくれたから、楽しかった思い出をちょっと高く買ったと思えば気が楽になった」

合理的に考えようとして言っているようには見えなかった。Hはこう言った。私にとって本当によい友人だったし、時が来れば、絶対に再会することになるだろう、と。私にもそんな友人がいるだろうか、私は誰かにとってそんな友人だろうか、自分自身を振り返ることになった。

ひとりで年を取っていく人生を埋めてくれる、もっとも大切なものとは何か、つねに問いかけなければいけない。そして、その中で大切な、価値あるものの一つは、共に人生や生活を分かち合える、連帯して生きていける人を得ることだ。人生は、良き友がそばにいれば、ひとりでも寂しくないし、惨めではないだろう。

先述の話に戻れば、人生の経験カートに入れるべきものは、やはり目に見える金、不動産、若さを維持するための無意味な欲望ではないということだ。人生の経験カートが人で一杯になればなるほど、他人との意味のある連帯で一杯になればなるほど、私たちの人生はさらに豊かになる。

だから、ひとりでいることを恐れず、意味のある連帯であなたの経験カートを一杯にしていこう！

2 不安はあるけど ゆるい連帯をなすモリ（死）たち

ドラマはかなり好きなほうだ。特に脚本家・盧姫璟《ノ・ヒギョン》のドラマが好きだ。その中でも、美しいドラマとして記憶に残っているのが『ディア・マイ・フレンズ』だ。優れた脚本家による台本に加え、俳優たちの演技が織りなす世界が素晴らしいドラマだった。ほぼ毎回涙を流していた。

なぜ観るたびに涙を流していたのだろうか。幼いころから共に過ごしてきた姉妹のような女性たちや友人が登場するドラマだった。また、友人の娘たちは、母親の女友達をおばさん、お姉さんと呼んで共に生きている。夫婦と子どもで構成される家族は登場しない。

夫がいないとか、結婚をしていないとか、離婚しているとかいった人たち、また、理由もなく生涯ずっと妻を苦しめてきた夫、既婚男性と不倫をした女優などが登場する。社会的な目で見ると、俗に言う〈満たされない思い〉を抱く人たちだ。しかし、彼らは他の人たちとは違う、とても特別なものをもっている。

彼らには一緒に年を取り、一緒に人生を生きてくれる友人たちがいた。友情、または愛と呼んでも構わない存在だ。最終話では、癌の手術をしたナンヒ、認知症になったヒジャ、ずっと夫に縛られて生きてきたジョンア、生涯結婚をせず彼女たちを友人と思ってきたチュンナム、ジョンアの夫とヒジャの新しい男友達が、キャンピングカーに乗って旅に出る。「行き倒れたっていいじゃない」をモットーに、旅に出て日常に戻ってきては抗がん剤治療を受け、また旅に出ては日常に戻り、認知症医療センターで生活をするのだ。そうやって彼女たちは与えられた一日一日を精一杯生きていた。なんとすてきで、なんと美しいのだろうか。

見事なのは、子どものお荷物になるのが嫌で、自分から老人養護施設に向かったヒジャが、ある晩、寂しさに耐えられずに友人のジョンアに迎えに来てほしいと伝えると、ジョンアはろくに運転もできないのに、すぐに夫のボロ自動車に乗り込み、田舎道を飛ばしてくるのだ。私はあんなふうに共に年を取ってくれる友人たちを待ち望んでいる。ときには互いに誤解もするし、口げんかもして、がっかりすることもあるだろうが、それとなく食事をしようと言えば、わだかまりも溶け、また、私が何かに腹を立てて息まくときは私以上に熱くなり、しかし、私の足りない部分も鋭く諭してくれる、そんな友人たちを。

長い期間、一緒にキャンピングや旅行に行っても面倒がらず、または、甘んじてその面倒さを受け入れようとする素晴らしい友人たち。一人暮らしでも、そうでなくとも、一緒にいられる数人の仲間がいれば、私の人生がとてもすてきなものになるだろう。

そこでつくった友人たちとの集まりは、「のんびりとしているけれど不安を抱えたモリたち」だ。モリ（mori）はラテン語で死を意味する。「メメント・モリ（Memento mori）」という言葉がある。死を想えという意味だ。

百歳時代では、三十代半ばを過ぎた人たちが死を思い浮かべるのは、まだ早い。しかし、ひとりで暮らしていて折に触れて浮かんでくる心配の一つは、「このままひとりで年を取って死んだらどうしよう」だ。最初は冗談交じりで言っていても、急に現実が脳裏をよぎる。そのため、モリたちという集まりをつくった。

七、八人ほどの昔からの友人だが、独身は二人だけだ。カップルは三組、シングルが二名で、カップルの三組には子どもがいない。そこで、私たちは互いに葬式を行う集まりをつくったのだ。何をするでもなくときどき会って、生産的でもないおしゃべりをして、時には互いに関心がないかのように時間を過ごしても、末永く互いに覚えておこうというのだ。

私たちの目標は、メンバーの一人が死んだときに、全員が共同で喪主になってあげることだ。天国に向かう死者についての心配はないが、見も知らぬ市庁の公務員によって葬儀が行われ、遺体が灰にされるのは、いくら残された生に未練がないと言っても、少々残念な気がする。本来は死者が最期に歩む道を記憶に刻みつけ、整えてあげる者たちによって執り行われるべきだ。そこで、私たちは互いに人生最後の片づけを行い、記憶に刻み、共同で喪主になって天へと送り出してあげようということで、このような名前を付けた。最後に残った人がいちばん損だ、と私たちは大笑いした。

定期的な集まりが決められているわけでもないので、連絡がないときは何か月もないこともある。それぞれ生活が忙しいので、普段は集まりのことは忘れて過ごしている。それでも、元気に過ごしているだろうと思いながら寂しく思わず、遠くからそれぞれ応援し合っている。互いに信用しながら、それぞれの生活を応援しあうのだ。

長い時間が過ぎても変わらずにいることは約束できない。約束したとおりにならないのが人生だから。約束が守られなくても、さほど悲しむことではないだろう。私たちには、桃園の誓い【『三国志演義』で、蜀の初代皇帝の劉備玄徳と、関羽雲長、張飛益徳が桃園で結んだ義兄弟の誓い】とまではいかなくても、人生の最期を共にしようという私たちの信頼と愛情があれば、それだけで充分なのかもしれない。

もちろん、ときどき大きな寂しさを感じることがある。カップルの人たちは、子どもはいなくても夫婦だが、私はシングルだからだ。それでも構わない。シングルの私をあるがままに尊重してくれているし、信頼し、頼りにしてくれている。ひとりで年を取っていくということは、もしかしたら人間関係のネットワークから外れていくことなのかもしれない。

新たなサークルに入ったり、より積極的に同窓会の集まりを組織したり、または、勤務先の同僚ともっとプライベートで親しい関係をつくったりもできる。人間関係のネットワークは築こうと思えば、いくらでもできるだろう。しかし、そのネットワークの中で、本音を打ち明けられ、心の内をそのまま見せられる人たちに出会うのは、年を取るほど難しくなっていく。適度にうわべを取り繕いながら、一線を越えずに良い関係を維持するのは簡単ではない。そういう人間関係の多くは、ピカピカに磨かれたガラス窓の前に立っている気分にさせるものだった。

ガラス越しに見える相手の姿は、くっきりとしているのに、手を伸ばしても届かず、これ以上は親しくなれない関係だと感じられる。私はこういう人間関係がずっと苦手だ。あらゆる人がつねに優しいわけではなく、友人がすべてモリたちのようでないのは、わかっている。もしかすると、今後ひとりで過ごす長い時間に、私のモリたちが変わることもあるだろうこともわかっている。

しかし、シングルとして生活しながら、いつも私の「ディア・マイ・フレンズ」を、不安はあるけどゆるい連帯をなす私のモリたちとの関係を、夢見る。私が彼らの一人であることを望んでいる。ジタバタしても解決できるわけでもなく、努力しただけ成果が出るものではないが、人生を歩むあいだ、好きな友人たちと慰め合い、互いに力になり、心温まる思い出となる関係をもちたいと望んでいる。友人たちが結婚をしていても、していなくても、男性でも女性でも、私よりずっと年上でも年下でも構わない。お金はもっていけなくとも、記憶はもっていけるのではないか。

ひとりで生きている人たちにもっとも必要なのは、もしかしたら、このゆるい連帯かもしれない。お互いに相手の領域を侵すことなく理解し合い、相手を縛り付けることなく、心から寄り添える連帯や共同体が必要なのだ。このようなつながりでは、彼らが家族になる。

かならずしも血縁だけが家族なわけではない。韓国語で家族を表す「食口《シック》」は、食事を一緒にする人たちという意味だが、一膳《いちぜん》のご飯を気兼ねなく一緒に食べたり、出したりしてあげられる何人かの仲間たちと年を取り、ひとりでいることの寂しさをざっくばらんに話せるならば、ひとりで年を重ねていく人生もまちがいなくすてきだ。

みなさんが、不安はあるけどゆるい連帯としてモリに出会い、「ディア・マイ・フレンズ」と、真心を込めた敬意と愛を贈れる関係を願い、構築していくことを望む。

3 別々に、しかしまた一緒に暮らす私たちの連帯

『「選択的シングル」の時代 30カ国以上のデータが示す「結婚神話」の真実と「新しい生き方」』（エルヤキム・キスレフ著、船山むつみ訳、文響社）は単身世帯について社会科学的な視点で記している書籍だ。外国も韓国と同様に、シングルが社会構造全体に占める割合がかなり多いことを示し、シングルライフを紹介している。著者は本書でスウェーデンを始め、西洋文化圏の各国においてシングルの共同体が生まれている現状について説明している。

スウェーデンのフィロスという団体は、共同レストランを運営し、シングル向けのさまざまなイベントを開催しているが、この団体は配偶者を探すのを手伝おうとするのとはまったく違う、社会的な絆《きずな》を提供している。また、シングルたちの共同体のいくつかは、既婚・未婚による差別をなくすための運動を行っており、シングル平等運動といった団体は、

シングルたちと共に医療、住宅、育児、移民、税金などの法的、社会的な問題において平等と公正性を実現するための運動をしようと努めているそうだ。

ベラ・デパウロ博士は、Facebookで「シングルのためのコミュニティ（Community of Single People）」というグループをつくった。そのグループには「デート相手を探すのが目的でないことが確実であると認める」と書かないと入会が認められないのだが、デパウロ博士がこのコミュニティをつくってから二年で数千名が入会し、あらゆるテーマについて情報を共有しているそうだ。

私はシングルたちの不安はあるけどゆるい連帯、離れてはまた一緒に生きていく連帯を夢見ていると同時に、望んでいる。かならずしもフェミニズム的に女性運動をする人の視点で、大げさに非婚女性の共同体をと言っているわけではない。日常生活で共に過ごせる、シングルたちの小さくて大切な共同体をつくってほしい。

共同体というと、まず住居の問題が真っ先に浮かんでくるかと思われる。シェアハウスや住居共同体の概念も広く生まれてきており、韓国社会でも議論が活発に行われている。一緒に暮らすということ、共同体を形成するということは容易ではない。家族と一緒に暮らすのも簡単ではないが、考えや理想が同じ人たちが共同体を形成して暮らすのは、じつに理想的なことだと思う。そのため、私たちが夢見る共同体は、完全に生活を共にするものでなく、ゆるい連帯をつくる共同体だ。
そのため、その共同体がどこに重点を置くのかが、共同体の性格を決めることになるだろう。一緒に暮らす住居に重点を置くシングルの集まりや共同体であれば、シェアハウスなど地域基盤の共同体として、ドラマ『ひとつ屋根の3家族』【一九八六年から一九九四年まで韓国MBC放送で放映。一つ屋根の下で暮らす家族たちの人間関係を描いた国民的ドラマ】みたいなかたちになるだろう。

こうした共同体へのニーズは経済的な理由のほうに焦点が当てられ、都市を中心として、実生活においてまず必要となる住居の問題を、より質の高い次元で共に解決しようとするものかもしれない。これにより共同住居としてキッチンとリビングを共有するけれど、寝室は個人が使用するスタイルの住居空間を、より手軽な価格で準備できるようになるかもしれない。これも簡単なことではない。

昔、友人三人とそれぞれ一部屋ずつ使う生活をしたことがあるが、共同体と呼べるほどのものではなかったものの、とにかく同居は簡単でなかった。互いに共有空間に対して責任を負う方法やライフスタイルが異なるため、許容できなかったり、やむをえずぶつかったりする部分があった。

それでも共同生活には良い点のほうが多かった。病気になってもご飯をつくってくれる人がいるし、チキンを一羽分オーダーしても残さずにすむなど、ささいなことではあるが、じつは日常生活に必要かもしれない、心を満たす温もりだったからだ。

共同体のあり方については、たとえば、協同組合スタイルの共同体が低層マンション一棟を買い上げて、組合員たちがマンションの各世帯に一人ずつ、または二人ずつ住み、共同のリビングや、運動、パーティーをする空間などを設ける方法もある。こうした代案的な人生の生き方については、すでにメディアが取り上げており、実際にそのような活動をしている人たちもいる。

また、住居空間を共通する地域基盤（オフライン基盤）共同体ではなくても、精神的な面で支えあい、生活の基盤を共有し、連帯し、助け合うグループが形成されることもあるだろう。読書、旅行、趣味などの関心事に関することを目的とした共同体というよりは、〈シングル〉の生活自体を共有し、その生活を支えあうことを目的にする共同体として、その役割を果たすことも考えられる。そうであるならば、この共同体はシングルライフを送る人たちのために、本来は社会や国が彼らのためにすべき政策などを提案することもあるだろうし、シングルたちのための記念日の制定や、いっそのことセンターなど物理的な空間さえつくるかもしれない。

昨年、よいエピソードを見た。ソウルに暮らす一人の独身女性が、自宅に行くまでの路地にきちんと街路灯を設置してほしい、と区役所に出した要望が実現するまでを描いていた。女性が一人で声を上げても、できるだけ夜道を歩かないようにしたり、自分で注意したりするしかない個人の問題として扱われるが、連帯して声を上げれば、それは政策になり、要望が実現される力になる。

シングルの女性たちは、シングルライフそのものをキーワードに集まった共同体では、何か不十分な社会の一員として扱われることなく、社会の構成員として扱われる。そして、己の人生を見つめると同時に、自分たちの声を代弁して、権利と利益のために声を上げる連帯を成していく。

また、私が想像もできないほど多様な共同体の姿が、数多く生まれることだろう。シングルとして生きるということ、ましてや、流行遅れの言葉だが、華麗なゴールドミス【オールドミスを言い換えた言葉で、三十代、四十代の自立した女性を指す】の生活ではなく、平凡なサラリーマンかフリーランスとして今日を生きる、平凡なシングル女性の生活は、それぞれが生き残りをかけるのではなく、ゆるい連帯を通してさらに豊かになることだろう。まるで、かつて私たちの先祖が、母親を亡くした赤ん坊がいれば、乳をもらい歩いて育てたように。

現代の都市生活で連帯は想像するのが難しいが、歴史を見ると、韓国社会はつねに想像以上のものへと発展してきたし、連帯が歴史の流れをつくってきたのがわかる。

もはやシングルライフは、孤立した生活ではない。私が自らを堂々と証明できないからといって、華麗なゴールドミスの暮らしでないからといって、小さくなっている必要はない。ひとりでいる寂しさと孤立感のなかで、しきりに孤独死を思い浮かべて、思い悩まないでほしい。覚悟さえすれば、また、知恵を絞って新たな発想をすれば、そして少しだけ自分の不便さを我慢してでも、他人と共に生きる人生を受け入れられれば、他人との連帯のなかで生きていけるようになる。

規則をつくり、適応できない者は追い出し、皆で型にはめられた生活をするのが、かならずしも共同体ではない。いつであろうと自由に出入りできる広いフェンスの内側で、それぞれの個性を発揮し、その個性で互いの長所を最大限に活かせるため、新たなアウトプットを創出できる、ゆるい共同体。心から愛せる連帯の力をもった共同体。シングルがもつ自由も、不安も、ゆったりと包み込む共同体。私はそんな共同体が形成されていくのを夢見ている。

だから、今後の私の計画は、こうした共同体の中で共に過ごすことだ。年齢の高低は問わず、財産の多寡も問わず、完全に一つになるのが目標でもなく、ただ必要なときに一緒にいてくれて、一緒に声を上げてくれる、シングルたちのゆるい連帯。そんな小さなクラスターたちが集まる、大きな共同体。そうやって私たちの生活が広がっていくのを夢見ている。

4 囚人のジレンマに影響を受けた社会から脱却した共同体

「囚人のジレンマ」という言葉を耳にしたことがあるかと思う。囚人のジレンマとは、こういう状況だ。

共犯として捕まった二人がいる。物証はなく、処罰を決めるのは自白だけだ。このとき、二人の容疑者は別々に尋問を受ける。しかも、尋問が始まる前にこう提案されている。犯罪を自白すれば、自白した人だけ釈放してやる。その代わり、自白しなかった容疑者は、自白した容疑者の分まで合わせて十年の刑を受けなければならない、と。二人は黙秘するか、自白して裏切るか、どちらか一つを選択できる。

両者とも黙秘したら二人は無罪となるので、このシナリオでは最良の選択肢だ。ところが、二人とも黙秘しようとした場合、欠かせない要素がある。相手に対する信頼だ。相手が自白しないという信頼があればこそ、自分も自白せずにいられるのだ。しかし、二人のあいだに信頼関係がない場合、つまり、私は自白しないのに、相手が自白した場合、私は十年の刑を受ける可能性がある、という最悪のシナリオが浮上する。こうしたシナリオを避けるため、二人とも相手を裏切り、自白を選択する。囚人のジレンマは、普通の人たちが選びうる、もっとも現実に近いシナリオだ。

シングルであるということは、かならずしも結婚していないわけではない。結婚はしたものの離婚をしたり、死別をしたりしてひとりでいる場合もある。これからもシングルの単身世帯は、二十歳以上のあらゆる年齢層で増える可能性が高い。

ここで私たちの生活を考えてみよう。個人が生活のなかで直面するあらゆる難問を、ひとりの資本や社会的能力で解決できる人は、上位何パーセントにもならないだろう。おそらく1パーセントくらいだろうか。こういう人たちは、囚人のジレンマの状況に置かれても、他の人の選択から大きな影響を受けずに、自分がやりたいようにできるのかもしれない。

今日の韓国社会は、経済論理に基づいて市場で失敗した人の倫理的責任を分かち合うことはない。市場経済での経済論理による失敗や成功は、ひたすら個人が責任を負わなければならないからだ。そのため、もしかしたらシングル、単身世帯の生活は徐々に「オール・オア・ナッシング（一かゼロか）」という厳しい状況に追い込まれているのかもしれない。

単に「私は違うはずだ」と自己暗示をかけているだけだ。運よくあらゆるものを手に入れた者は、華麗なシングルライフを送っているかもしれないが、不運にも何も手に入れられなかったシングルライフの未来はなかなか想い描けない。個人が華やかなシングルライフを楽しめるようになる可能性が、どれほどあるだろうか。

そのため、シングルとして生きていくこと、単身世帯として生きていくことは、人間関係に対する悩み、共同体に対する悩みを抱えることだ。私たちが互いに顔を合わせる関係が、経済的な利益に基づく経済関係だけで結ばれているとしたら、私たちはいつも勝利者ではなく敗者になるだろうし、この社会は一握りの勝ち組のための機能だけを提供することになるだろう。自分自身がかならず勝者になる必要もなく、勝者にならなかったといって落胆しなくてもよい共同体を夢見ている。

個人はひたすら状況のなかにのみ存在する。一人暮らしだからといって、テレビのバラエティ番組『私は自然人だ』【韓国・毎日放送で二〇一二年から放映されている番組で、自然の中で暮らす人々をお笑い芸人が訪ねていき、その生活を紹介する】に登場する主人公のように暮らさないかぎり、個人という存在は状況的な文脈において生きるしかない。つまり、人間がひとりで生きるということは、能力ある個人のいかなる力にも頼らず、多様なネットワークによってのみ可能となる。

事実、全面的に一人の所得に頼って生きるシングル（単身世帯）の失業は、深刻な状況をもたらし、シングルライフがどん底に沈みかねない。一人暮らしの女性たちがもっとも恐れるのがこの点だ。経済的な不安定さ。「資本主義社会でこの不安定さをコントロールできるのだろうか」という疑問が浮かぶ。

もちろん能力主義だと情け容赦なく突き放せばすむことだ。必死になって「ノーリョク（もっと努力しろ）」【韓国語の努力（ノリョク）の発音と「No」をかけた単語。努力が足りないと若者世代を非難する言葉としても、自己責任論で説教してくる既存世代への当てつけとしても使われる】とばかりに、お金をたくさん稼げばいいのだ。しかし、そんな可能性が誰にも平等に与えられていれば、どれほどよいだろうか。

第四次産業革命の時代を迎えた現代、私たちは徐々に極端な所得格差のある社会に生きるしかなくなるだろう。ならば、四人世帯の場合はどうだろう。四人世帯ももちろん同じような危険に遭うことはあるが、彼らの関係は経済的な対価のやり取りだけで成立しているわけではないという意味で、単身世帯とは少し違う。いずれにしても、冷酷な生存競争において、単身世帯も四人世帯も一個人の能力だけで生き残ろうと喘《あえ》ぐ今日、私たちは少し異なる姿の社会を夢見る必要があるのではないだろうか。

二〇二〇年、総世帯における単身世帯の割合が31・7パーセントと一位になり、政府も単身世帯向けの政策を打ち出してきている。ソウル市や京畿道庁の事業を見ると、かなり多くの公共事業が発表、施行されている。しかし、よく見てみると、単身世帯向けの公共事業が対象とするのは、まだ経済的にきちんと独立できていないと考えられる三十代未満の青年世帯や、引退後の老人世帯に集中しているのがわかる。特に、住居問題においてはなおさらだ。

つまり、まだ社会で盛んに働いているだろう三十代半ばから四十代、五十代の単身世帯向けの政策はほとんどないのだ。なぜならば、政策というものは、最終的に社会福祉の観点から、経済的に困難を抱えた者たちが基本的な生活を送れるようにする事案に集中するからだ。もちろん、それはとても重要だ。私が経済的な基盤を失ったとき、最低限の生活を保障してくれる国家という共同体があるのは、安定した生活を送るうえでの必須条件だ。

しかし、三十代、四十代は働く力があると考えられるため、この世代向けに該当するものがない。個人で一生懸命に対策をして生活をしなければならない。そんなふうに先を考えながら生きてきたのに、老年期に貯えがないとなったときに、ようやく国家の助けを求められるようになる。これがよいネットワークだろうか。

囚人のジレンマに影響を受けた社会から脱却した共同体を夢見るのは、かならずしも経済的な理由だけではない。引きこもって生きるのでもなければ、人はいずれ社交性を身につけて、人と親しくなりながら生きていく存在だ。そこには経済的な安定性を含んだ情緒的共感や情緒安定性も必要だ。

ネットワークによって個人と個人が連帯し、より大きなネットワークをつくっていくと、社会がしっかりとした一つのネットワークになる。私たちのちっぽけな一つ一つの生が、全体の和よりも大きな理想の和をつくりだす社会。そんな社会を夢見て実現に向けて努力することが、私たちに求められる。実現させるには、じっとうずくまったまま、文句を言ったり、沈黙したりしているのではなく、積極的に立ち上がり、人々に伝え、連帯しなければいけない。たとえ一人ひとりの力は大したことがなくても、連帯することにより大きな力を生み出し、その大きな力が、今度は一人ひとりの力を強めてくれる、と信じてほしい。

実現できると信じることで、シングルの人生が担保され、私たちの努力によって、もっと力強く手を取り合えると信じている。

5 シングルだからって気にしないで

十代から二十代を通り過ぎたころ、結婚後の自分の姿を思い浮かべることがあった。すてきな家、子どもは一人、優しい夫、ときにはキャンピングに行ったり、外食をしたりする姿を。もちろん、職場でも一生懸命に仕事をこなし、職場では良い先輩であり同僚で、家庭では良い妻であり母でもある。どこにいっても賞賛され一目置かれて、できる人だと言われ、自分の家族を誇らしく思っている、そんな女性の人生。

しかし、そんなマンガのような人生はやってこなかった。やってこなかったのではなく、そういう人生にしなかったのかもしれない。そんな人生が幸せなのだろうか、と悩んでいるうちに、結婚する機会は遠ざかり、年を取り、もはや私にとって結婚は幻想でも目標でもなくなった。いまは、犬たちと一緒に、ひとりで元気に暮らしている。

ときどき寂しいこともあるし、漠然とした不安に襲われると、なかなか寝付けないこともある。家の契約期間の終了が近づいてくれば、次回はどうしよう、と心配のあまり溜息が漏れる。病気のときになんとか精神力だけで病院に行くのは切ない。ひとりで出発した旅で、レストランで仲良くカップルが食事をしている姿を見ると、うらやましくもある。毎月出て行くお金は一定なのに、入ってくるお金は想定外の出来事で減り、通帳の残高が底を尽きはじめれば、「だから結婚してればよかったのに」と言われる。友人の子どもへの贈り物にかわいい子ども服を選ぶときは、「私にも子どもがいたら、きっととてもかわいがって育てたのに」と残念に思うのはどうしようもない。集まりに参加したら、他の人たちが皆カップルだったとき、どこに座ろうか慌てるし、他の人に考えを読まれまいとしている自分自身の姿が目に入ることもある。

それでも私の生き方が気に入っている。シングルの暮らしに気苦労が付きものだからといって、嫌になることはない。どんな人生であっても、どんな道を歩もうとも、その過程には気苦労や大変さは付き物だ。既婚者であっても同じだ。タイプの違う気苦労や大変さがあるだけだ。

人生、楽しいことばかりだと思っているとしたら、未熟な子どもの心理と同じだ。私たちは、楽しいことばかりではないのが人生だと、理解しはじめる年齢になっている。シングルでいることは自慢することでも、恥に思うことでもない。ただ、自ら選んだ生き方なだけだ。

もしかしたら、自分の意思で積極的に選んだ生き方ではないかもしれない。だからと言って、人生の現在地がここにあるのだから、どうしようもないのではないだろうか。与えられたものに対して最善を尽くして生きていくこと。それこそが幸せに生きるための道だ。

シングルの生き方が間違っているかのように、無言のプレッシャーをかけるような時代はもはや終わろうとしている。自分の生き方を堂々と口にしても構わないし、楽しんでいることについて、または楽しもうとしていることについて話してもよいのだ。また、誰かとの会話で、不安について、寂しさについて、痛みについて打ち明け、心を通い合わせるのもよい。決して未熟なのではなく、成熟した生き方だ。好きなものは好き、嫌なものは嫌だとはっきりと言い、自分の人生については他人や状況のせいにしないことが大切だ。

いくら言い訳を口にしたところで、現在の私の人生はいままで生きてきた瞬間、瞬間の総和だ。

「お母さんのせいで、いまこんなふうに苦労していて、愛されない人間になってしまったんだと思います」

「お父さんのせいで男性を信用できなくなったので、結婚できないみたいです」

「最初の彼氏が残していった心の傷が大きすぎて、どうしても恋愛できませんでした」

もちろん、そうした理由もありえなくはない。しかし、それだけで結婚できないわけではないし、人生が上手くいかなかったり、つらかったりするわけでもない。いままで歩んできた歴史が山のように蓄積され、いまの自分ができあがっているのだ。この先、残された人生も、いま生きている一日、一日の時間の積み重ねによってつくられていくことだろう。しかし、後悔して振り返るよりは、感謝し、喜びながら生きる、満ち足りた時間のほうが必要だ。

いまの人生をよく見せようと頑張りすぎないようにしよう。シングルだから見下されないように、と完璧な人生を追求しているが、とても疲れると、訴えるクライアントがいる。当たり前だ。だれかによく見られようと外面を繕うのには、途方もないエネルギーを使うからだ。こうしたエネルギーが使えなくなり、メッキが剝げた後に現れる本当の姿は、まるで葉をすべて落とした樹のように、かえって哀れに感じられることだろう。

つらければつらい、寂しければ寂しいと言っても構わないのだ。自分自身に対しても、信頼している人に対しても。そうやって自分自身や他人に寄りかかって生きていくほうがよい。頼りにできる人は、夫だけではないからだ。そのため、ありのままの姿をさらけ出せる仲間がいるグループは大切だ。ひとりで幸せに暮らすのと、孤立したり疎外されたりして暮らすのとは別の話だからだ。私たちはシングルとして生きているという理由で、孤立したり疎外されたりするのではなく、ひとりで、しかしともに生きていく存在でなければならない。

人生はつねに重い荷を背負っているのと同じだ。誰にとっても同様で、例外はない。だからといって、もがき苦しみながら生きる必要はない。いまの人生で満たされているエネルギーを楽しみ、ここに生きていることに感謝し、いまこの時間を味わっていることを喜ぼう。

愛らしい花が咲く春の彩り、照りつける陽射しに湧き上がる熱気、葉を落として小さくなる木々の香り、冬の夜長の孤独を、あらゆる瞬間に全身で感じ、味わって生きていこう。ひとりでも、誰かと一緒でも幸せな瞬間をつくっていこう。たくさん体を動かし深く思索し、目を覚まして祈り、よく働こう。

人生が、誇らしく思えるように、愛《いと》おしく思えるように、ひとりだけれど、ひとりでない、私たちの人生を応援する。

ひとりで年を取っていく人生を埋めてくれる
もっとも大切なものとは何か、
つねに問いかけていこう。
その中で価値あるものの一つは、
共に人生や生活を分かち合える、
連帯して生きていける人を得ることかもしれない。

人生は良き友がそばにいれば
ひとりでも寂しくないし、惨めではないだろう。
人生の経験カードが人でいっぱいになればなるほど、
他人との意味のある連帯でいっぱいになればなるほど、
人生はさらに豊かになる。

訳者あとがき

本書の著者クォン・ミジュは、カウンセラーであると同時に、韓国京畿道華城市東灘新都市にある東灘希望の木・心理相談センターの所長、牧師など、さまざまな肩書で活動をしています。本書では、「非婚」という彼女自身の生き方をとおして、他人の視線を気にすることなく、自由に生きるためのアドバイスを記しています。決して結婚そのものに反対しているわけではありません。

「結婚生活は長い会話である」（ニーチェ）、「結婚は人生の墓場だ」（ボードレール）など、結婚にまつわる言葉が世界中にあるように、誰もが一度は結婚について考えることでしょう。ひとりの人生は寂しいかもしれない、そう思って結婚を望む人もいます。しかし、寂しさを埋めようとして結婚をしても、むしろ独身のときよりも寂しさを覚えることもあります。結婚をしていても、していなくても、人は誰もが心に一片の孤独を抱えており、結婚によってその寂しさがなくなるわけではないからです。誰かと親密に過ごしたいという思いは、人間として自然な欲求です。著者は、そういった欲求は結婚という制度でのみ満たされるのだろうか、という疑問を投げかけてきます。

結婚は男性にとっても人生の大きなターニングポイントですが、女性は出産、育児のタイミングも含めて、結婚すべきなのか、するのであれば、いつ結婚すべきなのかと悩みます。昭和の時代には、「女性はクリスマスケーキと同じで二十四歳を過ぎると売れ残りだ」という言葉もあり、婚期を逃すまいと焦る女性もいました。しかし、そうした状況がすっかり変わったことは統計からも明らかです。

二〇二三年八月、日本全国の十六歳から六十九歳の未婚女性、二千八百十六人からアンケートを取ったところ(株式会社オノフ実施)、「結婚は考えていない／したくない」が50・9パーセントにもなりました。その理由として、全世代でもっとも多かったのが「人と一緒に住むことが負担に感じるから」で、十九歳以下に限ると「収入を自分のために使いたいから」、三十代になると「子どもはいらないから」という結果でした。

同様のアンケートを二〇二三年八月に韓国でも行ったところ、似たような結果が見られました。市場調査企業PMIが韓国の二十歳から六十九歳までの未婚男女三千名を対象に実施した調査結果ですが、41・8パーセントが「結婚は考えていない」という回答でした。「結婚しない第一の理由」は、男性では「経済的な余裕がないから」(40・9パーセント)が最多だったのに対して、女性では「独身の自由を失いたくないから」(29・6パーセント)が最多でした。

女性が結婚したくない理由の一番が「独身の自由を失いたくないから」というのは、なぜでしょうか。

自由を失う理由にはさまざまあると思われますが、結婚という制度が当人同士の問題で終わらず、家同士の問題になりがちなことも、理由の一つではないでしょうか。日本も韓国も、「家」の概念が強い儒教文化圏ですが、韓国では現在でも儒教思想が社会に強い影響を与えており、結婚によって担うことになる「嫁」という役割や責任が、日本よりはるかに大きいように見えます。義理の両親への孝行は絶対ですし、盆・正月の準備に加えて、多い場合は一年に十回以上もある法事の準備もしなければなりません。また、嫁姑の確執も相当なストレスです。

嫁の役割という言葉を聞くと、私の記憶の中から立ち上がってくる光景があります。一九八〇年代にソウルの友人宅に滞在していたとき、姑から厳しい仕打ちを受ける嫁の姿を何度も目撃しました。

友人の兄嫁のウンギョンさんは当時まだ二十歳。両家の母親たちの希望で、大学を中退し結婚しました。彼女は『82年生まれ、キム・ジヨン』の母親世代と言ってもよいでしょう。結婚直前まで大学生だったため、家事はほとんどしたことがなかったのですが、結婚によって生活は一変し、家族五人分の家事をしなければならなくなりました。朝は食事がまずいと叱られ、夜は洗濯のたたみ方がなってないと叱られます。毎日のように、夜になると台所で一人涙を拭いながら食器を磨いていた後ろ姿が思い出されます。また別の日には、知人の結婚式に参列する姑のために、姑の衣装から履物、バッグまですべて揃えたのですが、うっかり祝儀袋を準備し忘れてしまったのです。彼女は、姑の女友達が集まっている前で顔に灰皿を投げつけられました。

また、長男の嫁なのに産んだのが二人とも女の子だったため、妊娠五か月で三人目も娘だとわかったときは産むのを諦めさせられました。「一人だけ産んで、ちゃんと育てよう」と、一人っ子政策が行われていた時代のことです。

また知人で、五歳の男の子スンイのお母さんは、夫が生活費を入れてくれないため、毎月のように近所の知り合いを訪ねてお金を借りなければなりませんでした。彼女が私に語ってくれた言葉が忘れられません。

「いまさら仕事に就こうと思っても、食堂の皿洗いくらいしかない。だから、いつかヒヨコ鑑定士になるの。ヒヨコの雄雌を見分けられると稼げるから、子どもを連れて自立できるし」

自立を夢見た彼女は三十代半ばで病気になり小学生のスンイを残して亡くなるまで、夫の不倫やギャンブルに悩まされました。

女性が就ける職種が限られていて、男性の収入に頼らざるを得なかった時代のこうした女性たちを思い出すと、女性も自由に生き方を選択すべきだとする本書の登場は、隔世の感があり、やっとこういう時代がやって来たのかと感慨すら覚えます。韓国も日本も、結婚・非婚に限らず自分らしい生き方を、女性自らの意思で選ぶことができる社会であってほしいと思います。本書が、周囲の心ない声に不安になることなく、自由な生き方を選択する女性たちのためのガイドブックとなり、エールとなることを、翻訳者として切に願います。

最後に、本書の著者クォン・ミジュさま、数多くのアドバイスをくださった株式会社KADOKAWAの編集者・堀由紀子さま、株式会社リベルの皆さま、装丁を担当してくださった大原由衣さま、装画を引き受けてくださったｓｅｋｏ ｋｏｓｅｋｏさま、校正の方々をはじめ、本書の刊行にご尽力いただいたすべての皆さまに心からの感謝を申し上げます。

二〇二四年　春寒の日に

バーチ美和

［著者］

クォン・ミジュ
パーソナル心理カウンセラーで四十代の非婚女性。二十代半ばで大学院に進学して修了。三十代のときに、女性問題を扱う市民団体で学習や活動を始める。女性特有の問題や生活、連帯などについて関心をもったことがきっかけで、非婚女性をテーマに博士論文を執筆。以後、心理カウンセリングを行うようになり、女性たちが抱える生活の問題について共に向き合い、痛みを分かち合い、癒やす方法を模索している。現在は大学で教鞭を執りながら、心理相談センターを運営。シングルの女性たちとの小さな集まりを企画することもあり、彼女たちの話に耳を傾けながら、一緒に暮らせるゆるい共同体をつくるにはどうしたらいいかと考えている。

［訳者］

バーチ美和
1987年、延世大学韓国語学堂卒業。2021年、韓国文学翻訳新人賞受賞。訳書に『人間として最良のこと　as a person』（日経BP）、『月まで行こう』（光文社）、『大人でなく30歳です』（サンマーク出版）、共訳書に『詩人キム・ソヨン 一文字の辞典』（姜信子監訳、クオン、第8回日本翻訳大賞受賞作）、『奥歯を噛みしめる 詩がうまれるとき』（姜信子監訳、かたばみ書房）などがある。

装丁・本文デザイン　大原由衣
カバー装画　seko koseko

非婚女性《ひこんじょせい》　けっこう上《う》手《ま》く生《い》きてます

2024年5月24日　初版発行

著者／クォン・ミジュ
訳者／バーチ美和《みわ》
発行者／山下直久
発行／株式会社KADOKAWA
〒102-8177　東京都千代田区富士見2-13-3
電話　0570-002-301(ナビダイヤル)

印刷・製本／大日本印刷株式会社

●お問い合わせ
https://www.kadokawa.co.jp/（「お問い合わせ」へお進みください）
※内容によっては、お答えできない場合があります。
※サポートは日本国内のみとさせていただきます。
※Japanese text only

定価はカバーに表示してあります。

ISBN 978-4-04-113932-5　C0098